상법총칙 · 상행위법

조 성 종 저

學 研 社

‖ 머리말 ‖

2012년 대통령 선거의 가장 큰 화두 중 하나인 「경제민주화」는 경제 주체들의 실질적인 자유와 평등이 보장되는 경제질서를 유지하는 것이라고 해석되는데, 이러한 경제민주화는 상거래질서의 확보에서 시작된다고 해도 과언이 아닐 것이다. 최근 미국과 유럽의 경제위기가 우리나라 경제에 심각한 타격을 주고 있고, 계사년 이후의 세계경제도 매우 불투명한 상태인 것만은 확실하다. 세계시장이 심각한 경제난으로 몸살을 앓고 있는 현재 우리는 스스로 얼마나 경제질서를 준수하였는가? 즉, 우리의 상거래질서가 얼마나 투명하게 유지되고 있는가 하는 자문을 한번쯤 해 볼 필요가 있다고 본다.

국제시장이나 국내시장을 막론하고 모든 국민들이 행복하게 살 수 있도록 하기 위해서는 우선 경제질서가 바로잡혀야 한다. 이러한 경제질서를 바로잡는 데 가장 중요한 역할을 하는 것이 상사법규라고 할 수 있는데, 상사법규는 사적경제질서를 규율하는 중요한 원칙으로서 국민경제에 기여하는 바 또한 매우 지대하다.

2010년 개정 상법에서는 합자조합과 유한책임회사에 관한 규정이 추가되고 새로운 상행위인 금융리스업, 가맹업 및 채권매입업에 관한 구체적인 법률관계규정이 추가되었는데, 이 책에서는 상법의 내용을 상법총칙 · 상행위법, 회사법, 해상보험법 등으로 구분하여 먼저 상법총칙 · 상행위법을 출간하고, 이어서 회사법과 해상보험법을 순차적으로 출간한다는 계획 하에 우선 최근에 개정된 상법의 내용을 바탕으로 상법총칙 · 상행위법을 출간한다.

위와 같은 순서로 상법전의 내용과 순서에 따라 기본적인 법원리를 설명하면서 독자들의 이해를 돕기 위해 가능한 최근 판례와 사례를 인용하여 소개하였으며 판례는 대법원판례를 중심으로 선별하였다. 그리고 상법을 처음 접하는 비법학도나 시험준비를 하는 수험생들이 마지막 정리를 할 수 있도록 내용을 가능한 한 간략하게 정리하였다.

최선을 다하여 여러 차례 교정을 보고 보완한다고 하였지만 아직도 많이 부족하고 미흡하다는 생각에 아쉬움이 남는다. 그러나 독자 여러분과 선배 교수님들의 충고와 비평을 겸허히 받아들여 앞으로 보다 훌륭한 책을 출간할 것을 약속하고, 이미 선배 교수님들이 출간하신 많은 서적들을 많이 참고하고 인용하였으며 이에 대하여 다시한번 진심으로 감사드린다.

장기적인 불황 속에서, 특히 출판업계의 어려움이 많은 이때 이 책의 출판을 흔쾌히 허락하시고 여러 모로 많은 도움을 주신 학연사 사장님과 편집 및 교정 등 출판 작업에 수고하신 직원 여러분께도 감사드린다.

2013년 8월

관악산 자락에서

저자 씀

차 례

제1편 상법총론

제1장 상법에 관한 기본적 이론

가 상법이란 무엇인가?

「상법」 이란 상(商)에 관한 법, 즉 상거래관계[1]를 규율하는 모든 법규를 말하는데, 이러한 상법은 내용에 따라 실질적 의의의 상법과 형식적 의의의 상법으로 나눌 수 있다.

법의 명칭과 무관하게 그 내용이 상거래관계의 질서를 유지하기 위해 제정된 법인 경우는 「실질적 의의의 상법」 이라 하고, 법의 명칭이 「상법」 으로 정해진 법은 「형식적 의의의 상법」 이라 한다.

따라서 실질적 의의의 상법은 형식적 의의의 상법을 포함하는 넓은 의미의 상법으로 해석할 수 있다.

Ⅰ. 실질적 의의의 상법

---

1) 「상거래관계」 란 이윤을 추구하기 위해 계속적으로 반복되는 체계적이고 전문적인 거래관계를 말한다. 따라서 개인 간의 주택매매는 그 행위 자체는 비록 이윤을 추구하는 행위에는 해당되지만 일회적으로 완성되고 계속성과 전문성이 인정되지 않는 행위에 해당되어 상거래행위라고 할 수는 없다.

1. 상법은 기업에 관한 사법[2])이다

「실질적 의의의 상법」이란 법의 명칭과 상관없이 실질적으로 상거래관계를 규율하는 내용으로 이루어진 모든 법규범을 말한다.

상법이라는 法域(법역)을 이루고 있는 기업적 생활관계,[3]) 즉 기업의 생성, 발전, 소멸에 관한 모든 私法(사법)을 총칭하는 것으로서 학문적 입장에서 본 것이며, 이는 통일성과 체계성을 중시한 개념의 상법이다.

실질적 의의의 상법은 상법전을 포함하여 상거래관계를 규율하는 모든 법규로서, 이에 대한 대표적인 명칭을 살펴보면 商慣習法(상관습법), 商事特別法(상사특별법), 商事條約(상사조약), 商事自治法規(상사자치법규)[4]) 등이 있다.

2. 상법은 강행법규적 성격을 가진다[5])

상법은 기업에 관한 법으로서 법적 성질상 私法(사법)에 해당하는 것이 원칙이지만 그 내용의 상당 부분이 국가의 경제발전 및 국민경제질서에 많은 영향을 미치도록 구성되어 있다. 즉, 기업의 경제활동이나 흥망에 따라 관련 국민들의 생활도 직접적인 영향을 받을 수 있고, 때

---

2) 사법은 개인적 이익을 위해 개인과 개인 사이에서 이루어지는 사적 생활관계를 규율하는 법으로서 민법과 상법이 그 대표적인 예이다.

3) 기업의 존재목적은 영리추구에 있고, 이를 위한 지속적 경제활동이 상거래관계를 형성하게 된다.

4) 「상사자치법규」는 상거래관계의 당사자 간에 정한 상거래관계에 관한 원칙으로서 회사의 정관, 보통거래약관 등이 대표적인 경우이다.

5) 여기서 「강행법규」란 당사자의 의사와 상관없이 강제적으로 적용되는 법규를 말한다. 즉, 당사자의 사적자치의 원칙을 인정하지 않고 법규에 정해진 내용대로 적용하는 법규를 말한다.

로는 하나의 기업이 도산되면서 연쇄도산으로 이어지고 그 결과 그 기업의 직원들의 실생활에 막대한 영향을 미치는 수가 있다. 따라서 국가의 경제질서를 확립하고, 국민의 권리를 보호하기 위해 국가가 기업의 상거래관계에 개입하여 일정한 간섭을 해야한다는 사회적 필요성이 요구되면서 상법에도 公法的 規定(공법적 규정)이 증가하고 있는 실정이다.

만약 상거래관계에 대하여 완전한 계약자유의 원칙이 보장된다면 시장원리에 의하여 결국 '빈익빈 부익부', '경제의 양극화' 라는 자본주의사회의 병폐를 막을 길이 없게 되고, 따라서 경제민주화는 요원하게 될 것이다.

특히 상법 제3편 會社法(회사법)과 證券去來法(증권거래법) 등은 강행법규성을 가진다.

II. 형식적 의의의 상법

「형식적 의의의 상법」이란 「상법」이라는 특별한 명칭이 부여된 成文法典(성문법전), 즉 商法典(상법전)을 말하며,[6] 이는 法律政策的(법률정책적) 측면에서 실제성, 편의성을 위주로 하여 제정된다.

현행 상법은 1962. 1. 20. 법률 제1000호로 제정, 공포되고 1963. 1. 1.부터 시행되고, 1984년, 1991년, 1995년, 1999년, 2001년 7월과 12월, 2007년, 2009년 1월과 5월, 2010년, 2011년 4월에 개정되었으

---

6) 이는 국회에서 법을 제정하면서 그 명칭을 '상법' 으로 특정한 것을 말한다.

며,[7] 최근 2011년 5월 23일에는 법률 제10696호로 제6편 항공운송을 신설하여 총 6개 편 935개 조문과 부칙으로 구성되어 있다.[8]

Ⅲ. 양자의 상호 밀접한 관계

실질적 의의의 상법은 그 범위가 형식적 의의의 상법에 비해 넓고 경우에 따라서는 형식적 의의의 상법은 실질적 의의의 상법의 내용에 포함된다. 실질적 의의의 상법과 형식적 의의의 상법의 범위가 반드시 일치하는 것은 아니지만 실제성과 편의성을 중시하는 형식적 의의의 상법의 발생과 변천이 통일성과 체계성을 중시하는 실질적 의의의 상법의 연구를 자극하고, 실질적 의의의 상법의 연구가 형식적 의의의 상법의 改正(개정) 또는 解釋(해석)에 이론적 근거를 제공함으로써 유력한 영향력을 미치는 밀접한 관계에 있다.

따라서 실질적 의의의 상법과 형식적 의의의 상법은 상호 보완적 역할을 하면서도 이질적 요소를 가지고 별도의 영역을 확보하고 있다고 할 수 있다.

---

7) 2011년 4월 14일 개정된 상법에서는 합자조합, 유한책임회사, 집행임원, 지배주주의 소수주주 주식 매수, 상장회사의 준법지원인, 이사의 기회유용금지 등의 제도를 신설하였고, 각종 주식의 다양화, 자기주식 취득 허용, 자기거래 제한 범위의 확대, 사채제도, 유한회사 등에 관한 개정을 통해 회사법의 대부분에 관한 대대적 개정이 이루어졌다.

8) 상법전(형식적 의의의 상법)은 2011년 5월 23일 법률 제10696호에서 제6편 항공운송에 관한 규정을 신설함으로서 과거 5개편 874조에서 6개편 935조로 본문이 확장 구성되었다.

실질적 의의의 상법과 형식적 의의의 상법의 차이점

	실질적 의의의 상법	형식적 의의의 상법
입장	학문적	법정책적
성질	통일성, 체계성	실제성, 편의성
역할	형식적 상법의 이론적 근거 제공	실질적 상법의 연구 자극
사례	증권거래법, 은행법, 보험업법 등	상법전

나 상법의 지위

「상법의 지위」란 상법이 다른 법과의 관계에서 어떠한 입장에 있느냐에 관한 문제로서 상대적으로 파악하여야 하는 내용이다.[9] 즉, 상법과 다른 법규의 차이점과 공통점을 통해 상법의 입장과 역할 등을 이해하여야 한다.

Ⅰ. 상법과 민법의 관계

1. 상법은 민법에 대하여 특별법이다[10]

9) 따라서 상법의 지위를 절대적으로 특정하는 것은 상법의 이해에 관한 오해와 혼란을 야기시킬 수 있으며 법원칙에 어긋나는 해석을 가져올 수도 있다. 예컨대, 상법과 민법의 관계에서는 상법이 특별법적 지위에 있고 상법과 은행법의 관계에서는 상법이 일반법적 지위에 있는데, 상법을 무조건 특별법이라고 해석하는 것은 잘못된 해석이 된다.

10) 「일반법」은 법의 적용 대상, 적용 지역, 적용 시기 등의 범위가 일반적인 경우를 말하고, 「특별법」은 특정 대상, 특정 지역 등에 한정적으로만 적용되는 법을 말한다. 따라서 일반법과 특별법의 구분은 상대적 개념으로 파악하여야 하며 절대적 개념으로 파악하는 경우 오류를 범할 수 있다.

民法(민법)은 인간의 사적생활관계를 일반적·보편적으로 규율하는 一般私法(일반사법)에 해당하지만 이에 비해 상법은 인간의 사적생활관계 중에서도 상거래관계라는 특정된 범위에 대해서만 한정적으로 적용되는 特別法的(특별법적) 지위에 있다. 이는 상법이 민법에 대하여 상대적으로 특별법적 지위에 있다는 것이며, 상법 자체가 특별법이라는 것은 아니다. 상법은 신탁업법이나 은행법에 대해서는 일반법적 지위에 서기 때문이다.

상법과 민법의 관계

		상법	민법
공통점		사법(인간의 사적생활관계 규율)	
차이점	법적성질	특별사법	일반사법
	규율대상	상거래관계에 한정	사적거래관계 전반
	적용순위	민법보다 상법이 우선적용	

2. 상법의 자주성은 인정되는가?

1) **상법의 자주성이란?**

상법이 민법으로부터 독립하여 존재할 독립적인 체계적 지위를 가지고 있는가 하는 문제를 「상법의 自主性(자주성) 또는 獨自性(독자성)」의 문제라 하는데, 이는 과거 상거래가 활발히 전개되지 아니하던 시절에는 상거래 자체를 사적생활의 일부분으로 인식하였으며, 상거래로 인한 법적 분쟁의 발생이 많지 않았기 때문에 상사분쟁도 민법에 의해 해결해온 데에서 비롯된 것이다.

그러나 현대의 복잡하고 빈번하게 발생하는 상거래관계는 민법의 내용으로는 도저히 해결할 수 없을 정도에 이르게 되었으며, 따라서 이제는 독자적인 법 영역으로서의 상법이 필요하게 되었음에도 불구하고 과거의 민법학자들이 이러한 사정을 정확히 인식하지 못하고 이에 대한 문제를 제기하는 데서 비롯된 문제이다.

2) 민법의 상법화

「민법의 상화」란 민사관련 사항이 상법의 적용을 받거나 민법이 상법적 내용을 받아들여 민법이 상법의 성격을 띠는 현상을 말하는데, 상법은 민법의 일부분이라는 과거 민법학자들의 주장[11]에 대하여 1894년 독일의 Jakob Riesser는 「민법의 상화(商化)」라는 논문에서 상법의 자주성을 명백히 입증하여 상법이 민법과 별개의 독자적인 법 영역을 이루고 있다는 사실을 밝혔다. Jakob Riesser의 논문의 중요한 부분을 보면 다음과 같다.

(1) 민법의 상사원칙 채용

「민법의 商事原則(상사원칙) 채용」이란 상거래 및 상법에 있어서 이미 형성되거나 승인된 사상이나 법규를 그 후에 민법이 채용하는 것으로 민법 제508조는 「指示債權(지시채권)은 그 증서에 背書(배서)하여 讓受人(양수인)에게 교부하는 방식으로 양도할 수 있다」 고 규정하고 있는데, 이는 주로 상거래관계에서 많이 사용되어 온 어음 · 수표법상의 일반원칙인 양도방법으로서의 背書의 방식을 민법이 채용한 것으

---

11) 이러한 주장을 「민상2법통일론」 이라고 하는데, 이는 1847년에 몬타네리가 주장하고 그 후 1888년 비반테가 역설한 이론으로서 상법은 민법과 독립하여 제정할 필요가 없다는 설로서 결국 상법을 민법의 한 영역으로 보아 상법의 자주성을 부인하는 주장이다. 이에 대한 자세한 내용은 이범찬 · 최준선, 상법(상), 삼영사, 2004, 59쪽 이하, 이상수, 상법기본강의, 형설, 2011, 7쪽 참조.

로서 이는 민법의 상화 현상의 좋은 본보기라고 할 수 있다.[12)]

(2) 민사관계에 대한 상법의 적용

처음에는 민법의 적용범위에 속하고 있던 제도나 법률관계가 후에 상법의 지배를 받게 되는 경우도 상법의 독자적 법규성을 명백히 인정한 예라고 할 수 있으며, 오히려 민법이 상법화 되고 있는 것으로 해석할 수 있다. 商行爲(상행위) 이외의 營利行爲(영리행위)[13)]를 목적으로 하는 法人(법인)[14)]이 처음에는 민법상의 營利法人(영리법인)으로 민법의 적용범위 내에 있었으나 현재는 상법상의 회사로 규정된 경우가 좋은 예로서 이는 복잡다양한 상거래관계에 대해서는 민법이 규율할 수 없음을 인정한 것으로 해석된다.

II. 상법과 경제법의 관계

1. 차이점

상법은 개별적 경제주체 간의 이익조정을 목적으로 거래당사자의 자

---

12) 현재는 어음이나 수표가 일반적인 거래의 결재수단으로도 많이 통용되고 있지만 과거에는 어음이나 수표가 대부분 상거래의 결재수단으로 대표되어 왔으며, 민법상의 지시채권에 대한 양도방법에 상거래의 결재수단으로 사용하고 있는 어음법이나 수표법상의 원칙을 적용토록 도입하는 것은 민법이 상사관련법의 내용을 도입한 것으로서 민법이 상법적 성격을 가지게 된다는 것을 의미한다.

13) 상행위 이외의 영리행위에는 농·임·광·어업 등에 의한 생산물 판매행위 등이 있다.

14) 상행위 이외의 영리행위를 목적으로 하는 회사에는 민법상의 절차에 따라 설립된 민사회사가 있는데, 민사회사는 민법규정에 의해 설립되었지만 그 목적은 영리추구에 있기 때문에 결국 상거래의 내용에 해당하는 상행위를 주로 하게 되며, 따라서 민사회사의 생활관계는 상법의 적용을 받게 된다.

유의사를 존중하는 私法(사법)으로서, 일반적으로 私的自治(사적자치)의 원칙이 인정되는 사법이다.

經濟法(경제법)은 국민경제의 균형 있는 발전을 위해 국가가 국민경제질서를 강제적으로 통제·간섭하는 내용으로 이루어진 社會法(사회법)의 일종으로서 사적자치의 원칙이 인정되지 않는 것이 보통이며, 경제법에는 독점규제및공정거래에관한법률, 소비자보호법, 물가안정에관한법률, 부정경쟁방지및영업비밀보호에관한법률, 약관규제에관한법률, 할부거래에관한법률, 방문판매등에관한법률, 이자제한법 등이 있다.

또한 상법은 개별경제질서의 유지를 목적으로 하고, 경제법은 국민경제질서의 유지를 목적으로 한다는 점에서도 구분된다.

2. 공통점

상법이 개별경제질서의 유지를 목적으로 한다는 점에서는 국민경제질서의 유지를 목적으로 하는 경제법과 구분되지만 경제질서의 유지를 목적으로 한다는 점에서는 공통점을 가진다고 할 수 있다.

상법과 경제법의 차이점

	상법	경제법
법적성질	사법	사회법
규율대상	개별경제질서	국민경제질서
보호법익	사익보호	공익보호
사적자치의 원칙	인정	부인

Ⅲ. 상법과 노동법의 관계

1. 차이점

상법은 기업의 대외적 관계, 즉 상인과 다른 상인 또는 비상인 사이의 거래관계를 규율함으로써 상거래의 질서를 유지하가 위한 法規範(법규범)으로서 任意法規性(임의법규성)을 가진다.

勞動法(노동법)은 기업의 대내적 관계, 즉 근로자와 사용자의 관계를 규율대상으로 하는 사회법의 일종으로서 强行法規性(강행법규성)을 가진다.

따라서 규율대상, 법적 성질, 보호대상 법익, 사적자치의 원칙의 인정 여부 등에서 노동법은 상법과 구별된다.

상법과 노동법의 차이점

	상법	노동법
규율대상	기업의 외부적 생활관계	기업의 내부적 생활관계
성질	사법	사회법
보호법익	사익	공익
사적자치의 원칙인정여부	인정	부인

2. 공통점

상법과 노동법은 기업의 생활관계를 규율하는 법규범, 즉 경제법규에 해당한다는 점에서는 공통성을 가진다.

Ⅳ. 상법과 어음 · 수표법의 관계

1. 차이점

어음 · 수표법은 처음에는 상거래의 결제수단으로서 사용되어 오다가[15] 민사거래의 규모가 대형화 · 고액화 되면서 민사거래관계의 결제수단으로서도 많이 활용되기에 이르렀다.[16] 또한 빈번한 어음 · 수표의 부도와 결제수단으로서 카드 및 인터넷 · 휴대폰 결제방식의 사용이 활발해지고 신용사회로 가면서 어음 · 수표의 역할이 줄어들고 있는 실정이다. 따라서 과거에는 어음 · 수표법을 상법의 범주로 이해하였으나 지금은 상법과 민법의 보충적 역할을 하는 제3의 법역으로 자리 잡고 있다.

2. 공통점

상법이나 어음 · 수표법은 영리적 거래관계를 규율대상으로 하는 점에서는 공통점을 찾을 수 있다.

상법과 어음·수표법의 차이점

	상법	어음 · 수표법
규율대상	상거래관계	사적거래의 결재수단
적용범위	상거래관계 전반	결재수단에 한정
역할	상거래질서 유지	민법과 상법 보충

15) 의용상법 제501조 제4호에서 어음 기타의 상업증권에 관한 행위는 절대적상행위로 한다고 규정하여 의용상법 하에서는 어음 · 수표법을 실질적 의의의 상법으로 분리하였다. 이범찬 · 최준선, 앞의 책, 63쪽 참조.

16) 이러한 현상도 앞에서 살펴본 민법의 상화에 해당하는 것으로 볼 수 있다.

다 상법의 특성

Ⅰ. 조직상의 특성

기업의 유지 · 강화를 위해 상법이 채택하고 있는 조직상의 특성은 다음과 같이 기업의 존립기반형성의 용이, 기업의 존속보장, 기업의 해소방지 등을 들 수 있다.

1. 기업의 존립기반형성의 용이

1) 영업자유의 보장

상법은 기업의 설립을 쉽게 하기 위해 商號自由主義(상호자유주의)(§18), 회사의 설립자유 등 영업의 자유를 보장하고 있다. 이는 누구나 손쉽게 까다로운 허가 등의 절차 없이 기업을 설립할 수 있도록 하여 상거래를 활성화하기 위해 상법이 규정하고 있는 내용으로서 상법상의 특성이라고 할 수 있다.

만약 기업의 설립절차를 까다롭게 규정하거나 상호선정의 자유를 지나치게 제한하게 되는 등 상인의 영업상의 자유가 보장되지 않으면 상인의 영업활동은 위축될 수밖에 없고, 그 결과로서 국가경제의 활성화를 기대할 수 없기 때문에 상법은 이러한 문제를 해결하기 위해 영업의 자유를 보장하기 위한 수단을 강구하고 있다.

2) 자본집중의 촉진

상법은 匿名組合(익명조합)(§78 이하), 각종 회사제도(§169 이하), 船舶共有(선박공유)(§753 이하) 등의 제도를 통해 資本(자본)의 집중을 촉진하여 기업의 성립을 용이하게 하고 있다.

자본의 조달은 기업경영에 있어 활력소와 같은 것이기 때문에 소자본가나 자본형성에 어려움이 있는 기업의 경우 손쉽게 자본을 조달·집중할 수 있는 각종의 제도를 입법화함으로써 용이한 기업의 성립을 보장하고자 하는 것도 상법의 특성 중 하나에 해당한다.

2. 기업의 존속 보장

1) 영리성의 보장

영리를 목적으로 하는 기업의 영리성이 보장되지 않는다면 기업의 유지·존속은 기대할 수 없기 마련이다. 따라서 상법은 상행위의 有償性(유상성)(§61 상인의 보수청구권), 높은 이율의 상사법정이자 및 法定利子請求權(법정이자청구권)(§54, 55) 등[17] 상행위의 營利性(영리성)을 법적으로 보장함으로써 이미 형성된 기업의 유지 · 존속을 보장하고 있다.

---

17) 민법상 법정 이율은 5%로 규정되어 있으나 상법에서는 기업의 목적인 영리 보호를 위해 6%의 법정이율을 규정하고 있으며, 상인이 영업에 관하여 타인과 금전소비대차계약을 체결한 경우 상대방이 상인이든 비상인이든 무관하게 상법상의 법정이자를 청구할 수 있다(§54, 55).

판례 (대법원 2007.9.20. 선고 2006다15816 판결)

상법 제61조는 상인이 그 영업범위 내에서 타인을 위하여 행위를 한 때에는 이에 대하여 상당한 보수를 청구할 수 있다고 규정하고 있는 바, 이는 타인을 위하여 어떠한 행위를 하여도 특약이 없으면 보수를 청구할 수 없다는 민법 제686조, 제701조의 규정과 달리, 상인의 행위는 영리를 목적으로 하고, 영업범위 내에서 타인을 위하여 노력을 제공한 때에는 그 보수를 기대하고, 이로 인하여 이익을 얻은 자는 응분의 보수를 지급하는 것이 상거래의 통념에 부합한다고 보아서 인정되는 규정이므로, 당사자 사이에 이를 배제하는 특약이 있는 경우에는 그 적용이 없다고 할 것이다. 따라서 당사자 사이의 성공보수약정은 상법 제61조에 의한 상인의 보수청구권을 배제하는 특약으로 보아야 하기 때문에 용역계약에서 보수지급약정을 일정한 조건 성취를 전제로 한 성공보수금으로 약정하였다면 그 조건이 성취되지 아니하면 성공보수금의 청구를 할 수 없는 이상 별도의 보수도 청구할 수 없다.

2) 독립성의 확보

상법은 회사의 社團法人性(사단법인성)(§169, 171)을 규정하여 회사의 소유자 개인으로부터 회사가 독립할 수 있도록 회사의 독립된 법인격을 보장함으로써 회사 소유자의 부정적 원인에 의해 회사가 영향을 받지 아니하고 존속할 수 있도록 제도적 차원에서 보호하고 있으며, 특히 주식회사의 경영과 소유를 분리시켜 경영인의 독자적 경영을 보장함으로써 기업의 존속을 보장하고 있다.

3) 자본의 충실

상법은 주식회사의 자본확정의 원칙[18], 자본유지의 원칙[19], 자본불변의 원칙[20] 등을 의무화(§289②, 329①)하고, 유한회사의 경우 사원 등의 특수한 塡補責任(전보책임)(§550, 551)을 인정하여 기업의 자본을 충실히 함으로써 기업의 존속을 보장하고 있다.

회사가 자본에 관한 원칙을 준수하지 아니하면 그 회사의 거래상대방 뿐만 아니라 사회 전반에 악영향을 미치게 되고 결국 그 회사의 유지존속을 기대할 수 없게 된다.

4) 자본조달의 원활화

기업의 원활한 경영활동을 위해서는 자본조달에 어려움이 없어야 한다. 따라서 상법은 기업이 손쉽고 간편한 방법으로 자본을 조달할 수 있도록 주식의 세분화(§329④)[21], 授權資本主義(수권자본주의)(§416)[22], 社債制度(사채제도) (§469 이하) 등을 인정함으로써 원활한 자본조달을 통해 기업의 존속을 꾀하고 있다.

---

18) 「자본확정의 원칙」이란 회사를 설립할 때 일정액의 자본금과 그에 대한 인수가 확정되어야 한다는 원칙이다.

19) 「자본유지의 원칙」이란 회사는 자본금에 상당하는 재산을 현실적으로 보유하여야 한다는 원칙이다.

20) 「자본불변의 원칙」이란 확정된 자본은 임의로 변경할 수 없다는 원칙이다.

21) §329④에서는 「1주의 금액은 100원 이상으로 한다」고 규정하여 소자본가도 손쉽게 투자할 수 있도록 주식을 세분화 하여 회사의 자본조달에 대한 편의를 법적으로 보장하고 있다.

22) 「수권자본주의」는 주식회사의 주식 발행에 관한 권한을 이사회에 주어 회사의 경영을 담당하는 이사회가 경영상 필요시 용이하게 자본조달에 관한 결정을 할 수 있도록 상법이 규정한 제도이다.

5) 기업책임의 경감

기업의 책임이 과중되면 자본조달이나 원활한 경영도 어렵게 되고 나아가 기업의 존속에 위협적인 원인이 될 수도 있다. 따라서 상법은 보험제도(제4편 §638 이하), 사원의 有限責任(유한책임)(§331)[23], 익명조합원의 損失分擔(손실분담) 등의 제도를 규정하여 기업의 책임을 경감시킴으로써 기업의 계속적인 유지를 도모하고 있다.

3. 기업해소의 방지

1) 회사의 계속제도

상법은 존립기간의 만료, 정관상의 해산사유 발생, 총사원의 동의 또는 주주총회 결의 등에 의하여 해산된 경우 일정한 조건을 충족시키면 그 회사를 계속 유지할 수 있도록 허용함으로써 기업의 解消(해소)를 방지하고 있다(§229, 285②, 519, 610).

이러한 회사계속제도가 법적으로 보장되지 않는 경우 일정한 해산사유가 발생한 경우 그 회사의 존속을 희망하는 자가 있더라도 일단 해산절차를 완료한 후 새롭게 회사의 설립절차를 밟아야 하기 때문에 시간적으로나 경제적으로나 상인에게 부담이 될 수 있으며, 국가 경제적으로도 긍정적인 결과를 기대하기는 어렵게 된다.

---

23) 사원은 자신이 투자한 자본의 범위 내에서만 회사의 부채에 대한 책임을 지고, 나머지 부분에 대하여는 책임을 지지 아니한다는 것이 「사원의 유한책임제도」 이다. 만약 사원의 무한책임을 요구하는 경우 사원은 투자를 망설이게 되고 그 결과 회사는 자본조달에 어려움을 겪게 될 수도 있다.

2) 1인회사의 인정

상법 제171조 제1항에서 「회사는 법인으로 한다」 고 규정하고, 제227조 제3호에서는 회사의 해산원인으로 「사원이 1인으로 된 때」 를 규정하여 회사는 사단법인으로서 2인 이상의 社員(사원)이 존재하여야 존속할 수 있는 것이 원칙이지만 상법은 社團性(사단성)이 결여된 회사의 경우[24] 사원보충(§229②) 또는 1인 주식회사의 인정(§517)[25] 등을 통해 기업의 해소를 방지하고 있다.

3) 기타

상법은 위에서 살펴본 방법 이외에도 회사의 조직변경제도(§242①, 286, 604), 회사의 合倂(합병)(§230, 522), 營業讓渡(영업양도)(§41 이하) 등의 제도를 통하여 기업의 해소를 방지하고 있다.

II. 활동상의 특성

상법은 거래의 안전을 보호하기 위해 공시주의, 외관주의, 엄격책임주의, 신속성, 기존상태존중주의 등의 원칙을 채택하고 있는데, 이를 상법의 「활동상의 특성」 이라고 한다.

---

24) 사원의 수가 1인 이하의 상태가 된 경우가 이에 해당한다.

25) §517에서 규정하고 있는 주식회사의 해산사유에서는 「사원이 1인으로 된 때」 는 적용되지 않는 것으로 되어 있다. 따라서 타 유형의 회사와 달리 주식회사의 경우는 사원이 1인으로 된 때에도 존속할 수 있는 것으로 해석된다.

1. 공시주의

상거래관계에서 거래상대방을 정확하게 이해하는 것은 상거래의 안전을 위해 매우 중요한 사항이며, 이를 위해 상법이 규정하고 있는 「공시주의」는 일정한 사항을 명확한 방법으로 알리는 제도로서 상법은 商業登記制度(상업등기제도)(§34 이하), 선박등기제도(§743)[26], 公告制度(공고제도)(§289① 제7호)[27] 등을 규정하여 상인에 관한 사항을 公示(공시)하여 널리 알림으로써 상거래의 안전을 도모하고 있다.

2. 외관주의

상거래의 궁극적인 목적인 이윤 추구를 위해서는 거래당사자 간의 신뢰가 전제 되어야 한다. 이러한 문제의 해결을 위해 상법이 규정하고 있는「외관주의」는 외관을 믿고 일정한 행위를 한 자에 대해서는 그 외관이 진실에 부합되지 않더라도 그대로 보호한다는 원칙으로서, 상법은 表見代理制度(표현대리제도)(§14), 상호를 계속 사용하는 영업양수인의 변제책임(§42) 등을 인정하여 外觀(외관)을 신뢰하고 상거래에 임한 선의의 당사자 또는 제3자를 보호하고 있다.

---

26) §743에서는 「선박에 관한 권리의 이전에 대해서는 등기하여야 제3자에게 대항할 수 있다」고 규정하여 선박의 권리 이전에 관한 내용을 명확히 하도록 함으로써 거래의 안전을 보장하고자 하였다. 그러나 선박의 권리 이전에 관하여 당사자 간에는 합의만으로도 효력이 발생한다.

27) §289① 7호에서는 회사의 공고방법을 정관에 절대적 기재사항으로 규정하여 상인에 관한 사항을 명확하게 공시하도록 함으로써 거래의 상대방이 당사자에 관한 내용을 명확하게 인식할 수 있도록 하여 거래의 안전을 도모하고자 하였다.

3. 엄격책임주의

상법이 규정하고 있는 商號貸與者(상호대여자)의 책임(§24),[28] 주식회사 발기인의 인수·납입담보책임(§321①, ②)[29] 등은 상거래 관련자의 책임을 엄격하게 규정함으로써 신뢰를 통한 거래의 안전을 도모하고자 하는 상법의 특성이다.

4. 신속성

거래방법의 定型化(정형화)[30], 계약의 성립 여부에 관한 신속확정(§51, 53), 확정기매매에 관한 해제의 효력발생 요건 간소화(§68, 69), 商事債權(상사채권)의 短期消滅時效制度(단기소멸시효제도)(§64, 167) 등은 상거래를 짧은 시간 내에 신속하게 종결 지움으로써 거래의 안전을 확보하기 위한 상법의 특성이다.

5. 기존상태존중주의[31]

---

28) 「상호 대여자의 책임」이란 예컨대, 삼성과 갑이 계약을 맺고 갑이 삼성의 상호를 사용하여 일정한 거래를 한 경우 그 거래에서 갑이 일정한 의무를 불이행한 경우 갑뿐만 아니라 삼성도 갑의 의무 불이행에 대한 책임을 부담하게 되는 원칙을 말한다.

29) 주식회사 성립 후 주식의 인수청약이 취소되거나 인수인이 주금을 납입하지 아니한 경우 발기인들이 공동으로 인수·납부하여야 하는 책임을 상법이 규정하여 발기인의 책임을 엄격하게 묻고 있다.

30) 신속한 상거래는 기업의 보다 많은 영리를 추구할 수 있도록 해 주는 중요한 요소가 될 수 있는데, 상법에서 규정하고 있는 대화자간의 청약의 구속력과 청약에 대한 낙부통지의무 등은 계약의 성립여부를 신속하게 확정지워 기업의 안전한 거래를 종료시키려는 상법의 특성으로 해석된다.

31) 「기존상태존중주의」란 예컨대, 회사의 설립절차상에 하자가 있어 설립무효에 관한 소송이 제기되어 2년 후에 무효판결이 나온 경우 그 회사의 설립은 소급하여 무효가 되

상법은 회사의 설립, 합병, 자본감소 등에 대한 무효판결의 遡及效(소급효)를 인정하지 않고 있는데(§190 단서), 이는 旣得權者(기득권자)를 보호함으로써 거래의 안전을 도모하기 위한 상법의 특성으로 해석된다.

이러한 기존상태존중주의가 보장되지 않는 경우 상거래에 관한 결정에는 신중을 기하게 되고, 이는 상거래의 둔화를 초래하게 된다. 따라서 상법은 기존의 형성된 상거래관계로 인한 법률효과는 그대로 보호함으로써 상거래를 활성화 시키고 기득권자의 이익을 보호하고 거래의 신뢰관계를 유지할 수 있도록 하고 있다.

라 상법의 법원

Ⅰ. 상법의 법원이란 무엇인가?

「상법의 法源(법원)」이란 상법의 존재형식[32] 또는 상법의 淵源(연원)을 말하는데, 이는 법전의 형태로 존재하는 成文商法(성문상법)[33]과 법전 이외의 형태로 존재하는 不文商法(불문상법)으로 구분된다.[34]

지만 그 회사가 설립등기 후 무효판결 이전까지 이루어진 상거래는 무효화하지 않고 인정함으로써 그 회사와 거래한 상대방을 보호하는 제도를 말한다.

32) 일반적으로 법을 경험적으로 인식할 수 있는 자료를 「법의 존재형식」이라고 한다.

33) 이를 「상사제정법」이라고도 하는데, 여기에는 상법전, 상사특별법령, 상사조약 등이 있다.

34) 상법의 법원에 대하여 제정법, 관습법, 자치법, 판례법, 조리, 학설까지 광범위하게 해석하는 학자도 있으나 대륙법계통인 우리나라에서는 기존의 법이론상 판례법과 학설에 대하여 법원성을 인정하는 것은 지나친 확대해석으로 보인다.

II. 민법을 상법의 법원으로 볼 수 있는가?

상법 제1조는 「商事(상사)에 관하여 본법에 규정이 없으면 商慣習法(상관습법)에 의하고, 상관습법이 없으면 민법의 규정에 의한다」고 규정하고 있다. 따라서 민법이 상법의 법원임을 규정한 것이 아니냐는 논란이 일고 있는데, 이는 상법의 법원을 규정한 것이 아니라 상사에 관한 법률의 적용순위를 규정한 것으로 해석된다.

왜냐하면 상법의 법원이 되기 위해서는 영업적 생활관계를 전제로 하는 특별사법적 성격을 가져야 하기 때문에 일반사법으로서의 민법은 상법의 법원이 될 수 없기 때문이다.

III. 상법의 법원에는 어떠한 것이 있는가?

1. 성문상법

1) 상사제정법

(1) 상법전

商事制定法(상사제정법)의 대표적인 경우로서 商法典(상법전)을 들 수 있다. 이는 1962. 1. 20. 제정되고 1963. 1. 1. 시행되고 있는 형식적 의의의 상법을 말한다.

(2) 상사특별법령

상사제정법의 일종인 「商事特別法令(상사특별법령)」은 상사관계 중에서도 특정 범위의 상사관계에 적용하기 위해 규정된 법규를 말하며, 이에는 상법전의 시행에 관한 부속법령으로서의 商法施行法(상법

시행법)과 상법전을 보충하기 위해 독립된 특별법령으로 제정된 은행법, 공장저당법, 전당포영업법, 상품권법, 증권거래법, 보험업법, 신탁업법, 상표법 등 많은 특별법령이 있다.

(3) 상사조약과 국제상사법규

「商事條約(상사조약)과 國際商事法規(국제상사법규)」는 국제법상의 주체들 간에 이루어지는 상사 관련 권리 · 의무에 관한 합의문서를 말한다. 상사조약에는 국제민간항공협정, 어음법통일규칙, 工業所有權(공업소유권) 보호를 위한 파리조약, 외국중재판정의 승인 및 집행에 관한 협약 등이 있다.

2) 상사자치법규

「商事自治法規(상사자치법규)」는 회사 기타 단체가 그 조직, 활동, 구성원의 권리 · 의무를 정한 규범으로서 회사의 定款(정관), 어음교환소의 교환 규칙 등이 있다. 이는 상거래관계에 있어서 당사자의 의사를 존중하기 위해 당사자자치를 인정한 것으로 상사분쟁에 대하여는 우선적으로 적용되는 상사분쟁의 1차적 법원이 된다.

3) 보통거래약관의 법원성

「보통거래약관」이란 계약당사자 일방이 동일한 계약을 계속반복적으로 체결하기 위해 사전에 일정한 계약조건을 정해둔 정형 계약서 형식을 말한다. 일반적으로 보험약관, 운송약관, 할부거래약관 등에서 많이 사용되고 있다.

보통거래약관은 거래를 신속하고 간편하게 체결할 수 있어 비용을 절감할 수 있다는 장점도 있으나 일반적으로 경제적인 강자인 갑의 입장에서 계약의 조건이 사전에 일방적으로 결정된다는 점에서 합리성이 결여될 수 있다는 단점도 있다.

보통거래약관의 법원성에 대해서는 규범설, 제도설, 상관습법설, 법률행위설, 의사추정설 등으로 견해가 나뉘고 있다. 생각건대, 보통거래약관 그 자체만으로는 일방당사자의 청약에 불과하기 때문에 법원성을 인정할 수 없으나, 보통거래약관이 약관규제에관한법률 제2장에서 규정하고 있는 불공정약관조항에 해당하지 않고 상대방의 동의를 득한 경우는 상사자치법규와 동일한 법규성을 인정하는 것이 타당한 것으로 해석된다.

2. 불문상법

불문상법은 법전 이외의 형태로 존재하는 상법으로서 상관습법과 상사판례법이 대표적이다.

「商慣習法(상관습법)」은 상거래관계에서 자연적으로 발생한 관행이나 관례가 법적 확신을 얻어 법적 규범으로 승인·강행되기에 이른 것으로서[35] 株金納入領收證(주금납입영수증)에 의한 株權(주권)의 양도나 과거의 백지어음이 이에 해당한다.

「상사판례법」은 기업적 생활관계에 관한 판례가 누적되어 다른 사건의 상사재판에서 판결의 기준이 되는 경우로서, 이론상 대륙법 체제하에서는 판례법을 인정하지 않지만 실제에 있어서 상급법원의 판결이

35) 상거래관계에서 자연발생적으로 형성되어 통상적으로 상거래관계에서 관행적으로 인정은 되지만 법적인 승인을 얻지 못한 상태를 「사실인 상관습」이라고 하는데, 예컨대 물건을 사고파는 경우 일반적으로 물건을 먼저 건네받고 대금을 지급하는 것이 관행으로 되어 있지만 법적인 강제적 효력은 인정되지 않는 경우가 이에 해당한다고 할 수 있다.

하급법원의 재판에 영향을 미치고 있다는 것이 부인할 수 없는 사실이다. 즉, 독일대륙법계에 속하는 우리나라에서는 성문법주의를 체용하고 있기 때문에 불문법에 해당하는 상사판례의 법원성을 인정하는 것은 법이론 상 인정될 수 없다. 그러나 실제에 있어 하급심 재판에서 상급심의 판례를 무시하고 상급심의 판례와 다른 판결을 할 수 없는 것이 현실이다. 만약 하급심 법원에서 상급심 판례와 다른 판결을 하더라도 결국 상소제도가 인정되는 한 상급심 판례가 형성되어 있는 경우 당사자가 그와 배치되는 하급심 판결에 승복하지 않고 상소할 것이고 그 결과 당연히 번복될 수 있기 때문에 이론상으로는 판례법을 인정할 수 없는 체제이지만 현실적으로는 상급심 판례가 하급심을 구속하는 것으로 나타난다.

Ⅳ. 상사관련 법규의 적용순서

상거래관계로 인한 분쟁이 발생한 경우는 상사자치법,[36] 상사특별법령 및 상사조약, 상법전, 상관습법, 민사자치법, 민사특별법령 및 민사조약, 민법전, 민사관습법, 조리의 순으로 법규를 적용한다.[37]

이는 상사분쟁에 대하여 적용할 법규의 순서를 나타낸 것이며, 상법의 법원과는 별개의 것임을 분명히 이해하여야 한다. 상법 제1조에서는 「상사적용법규」로 규정하고 있고, 민법 제1조에서는 「법원」이

36) 「상사자치법규」란 상거래 당사자 간에 정한 약정이기 때문에 사적차치의 원칙을 인정하는 상법에서는 상사분쟁에 대한 적용 법규로서 상사자치법규를 우선적으로 인정한다. 상사자치법규에는 정관, 보통거래약관 등이 있다.

37) §1, 민법 §1 참조.

라고 규정하고 있기 때문에 상법 제1조의 내용을 상사법원으로 해석하는 것은 명백한 오류라 할 수 있다.

마 상법의 효력

Ⅰ. 시적 효력[38)]

「상법의 時的效力(시적효력)」은 상법이 효력을 가지는 시간적 범위를 말한다. 즉, 상법이 언제부터 언제까지 효력을 가지고 적용되느냐에 관한 문제로서 현행 상법은 1963. 1. 1.부터 시행되고 있다.

상법의 적용에 있어서는 特別法優先(특별법우선)의 원칙과 新法優先(신법우선)의 원칙이 적용되고 있다. 「신법우선의 원칙」은 동일한 사안에 적용될 새로운 법이 제정되면 과거의 법은 효력을 상실하게 되는 원칙을 말하는데, 이 원칙은 新法(신법)과 舊法(구법)이 동일한 지위에 있는 경우에만 적용되고 신법이 一般法(일반법)이고 구법이 特別法(특별법)인 경우는 신법이 구법의 적용에 영향을 미치지 못한다. 즉, 일반법인 신법이 존재하더라도 특별법인 구법은 그대로 효력을 가진다는 것이다.

---

38) 「법의 시적 효력」이란 법의 효력이 언제부터 언제까지 유효하게 적용되느냐의 문제로서 일반적으로 법은 시행에 의해 강제적 효력이 발생하고 폐지에 의해 강제적 효력을 상실하게 되기 때문에 법의 시적 효력은 법의 유효기간 , 즉 법의 시행에서 폐지까지를 말한다.

II. 장소적 효력[39)]

1. 원칙

상법이 적용되는 장소적 범위에 관한 문제를 「상법의 장소적 효력」이라 하는데, 일반적으로 상법은 한국의 모든 영토, 영해 및 영공에서 효력을 가지고 적용되는 것이 원칙이다.

2. 예외

涉外私法(섭외사법) 제28조는 「외국에 있는 한국인에 대하여도 상법이 적용될 수 있다」고 규정하고 있기 때문에 우리 상법은 외국의 영토까지 확장 적용되는 경우도 있다.

III. 인적 효력[40)]

1. 원칙

「상법의 인적 효력」은 우리 상법이 어떠한 사람에게 적용되느냐하는 문제로서 현행 상법은 모든 한국인에게 적용되는 것이 원칙이다.

---

39) 「법의 장소적 효력」이란 법이 어디에서 효력을 가지느냐의 문제로서 일반적으로 법은 일정 국가의 주권이 미치는 모든 영역 내에서 강제적 효력을 가지는 것이 원칙이지만 예외적으로 적용 장소가 제한되거나 확장되는 경우도 있다.

40) 「법의 인적 효력」이란 법이 누구에게 적용되느냐의 문제로서 상법은 모든 한국인과 한국의 영역 내에 체류하는 외국인에 대해서도 적용되는 것이 원칙이지만 경우에 따라서는 예외적으로 상법이 적용되지 않는 경우도 있다.

2. 예외

외국인이나 소상인의 경우는 예외적으로 상법이 적용되지 않는 경우가 있다. 예컨대, 섭외사법에 의해 우리나라에 있는 외국인에 대해서는 그 외국인의 본국 상법이 적용될 수 있으며, 소상인의 경우 상법의 일부, 즉 상호의 등기, 장부의 작성 등에 관한 규정이 적용되지 않는다(§9).

제2장 상 인

가 상인이란?

「상인」 이란 기업활동으로 인해 발생하는 권리·의무의 귀속 주체를 말하는데, 이는 법적으로 누구를 상인으로 인정할 것이냐의 문제가 된다. 누구를 상인으로 인정할 것인가에 관한 문제를 이해하여야 하는 이유는 상인에 대하여는 상법이 적용되고 비상인에 대해서는 상법이 적용되지 아니하는 것이 원칙이기 때문이다.

상인의 개념에 관한 기준에 대해서는 실질주의와 형식주의, 절충주의 등으로 학설이 대별된다.

Ⅰ. 실질주의

商人(상인), 즉 기업의 주체에 대한 개념을 정함에 있어서 실질적으로 특정한 행위(상행위)를 하는 자를 법적 商人으로 인정하는 立法主義(입법주의)를 「實質主義(실질주의)」라 하는데, 이를 「客觀主義(객관주의)」 또는 「商行爲法主義(상행위법주의)」라고도 하며, 프랑스, 스페인 등에서 상인의 판단기준으로서 이 원칙을 적용하고 있다.

II. 형식주의

사업의 종류나 내용에 관계없이 형식적으로 商人的方法(상인적방법)[41]에 의해 영업을 하는 자를 상인으로 인정하는 입법주의는 「形式主義(형식주의)」라 하는데, 이를 「主觀主義(주관주의)」 또는 「商人法主義(상인법주의)」라고도 하며, 독일, 스위스 등에서 이 원칙을 채택하고 있다.

III. 절충주의

「실질에 의한 상인(실질주의)」과 「경영의 형식이나 방법에 의한 상인(형식주의)」의 두 종류를 모두 상인으로 인정하는 입법 태도를 「折衷主義(절충주의)」라 하는데, 이 원칙은 우리나라를 비롯하여 일본상법, 독일 구상법 등에서 채택하고 있다.

나 상인의 종류

41) 「상인적 방법」 이란 상인이 통상적으로 사용하는 기업활동 방식으로서, 예컨대 상호, 지배인, 점포 등을 사용하고 상업장부를 기재하는 형태의 활동을 말한다.

Ⅰ. 당연상인

「當然商人(당연상인)」이란 自己名義(자기명의)로 상법 제46조에서 규정하고 있는 22가지 基本的商行爲(기본적상행위) 중 하나 이상을 영업으로[42] 하는 자(§4)와 담보부사채신탁법 제23조 제2항에서 규정하고 있는 제3자의 사채총액을 인수하는 자, 즉 실질주의에 의한 상인을 말하며, 이를 「실질상인」, 「고유의 상인」, 「완전상인」 이라고도 한다.

여기서 「자기명의」 란 영업상의 法律效果(법률효과)가 자신에게 귀속된다는 것을 의미하며, 단순하게 대금을 받을 목적으로 물건을 제조하거나 노무에 종사하는 자의 행위는 영업성이 인정되지 않아 기본적 상행위로 인정할 수 없고, 이러한 행위를 하는 자는 당연상인이 될 수 없다.

또한 실질적으로 상인의 요건을 구비하지 아니하고 형식적으로 사업자등록증 등 공부상의 명의인으로만 표시된 자도 당연상이 될 수 없다.

판례 (대법원 2008.12.11. 선고 2007다66590 판결)

상인은 자기 명의로 상행위를 하는 자를 의미하는데, 여기서 「자기 명의」 란 상행위로부터 생기는 권리의무의 귀속주체로 된다는 뜻으로서 실질에 따라 판단하여야 하므로, 행정관청에 대한 인 · 허가 명의나 국세청에 신고한 사업자등록상의 명의와 실제 영업상의 주체가 다를 경우 후자가 상인이 된다.

---

42) 여기서 「영업으로」 한다는 것은 영리를 목적으로 계속적·반복적으로 한다는 것을 의미한다.

II. 의제상인

「擬制商人(의제상인)」이란 기본적 상행위를 영업으로 하지 않더라도 일정한 요건을 갖추면 상법이 상인으로 인정하는 것을 말한다. 이러한 의제상인에는 設備商人(설비상인)과 民事會社(민사회사)가 있다.

즉, 정상적으로 상인으로서의 실질적 요건을 구비하지 않았더라도 일정한 요건만 충족되면 형식적으로 상인으로 인정하는 경우를 말한다.

판례 (대법원 2012.4.13. 선고 2011다104246 판결)

갑이 학원 설립과정에서 영업준비자금으로 을에게서 돈을 차용한 후 학원을 설립하여 운영한 사안에서, 제반 사정에 비추어 갑이 운영한 학원업은 점포 기타 유사한 설비에 의하여 상인적 방법으로 영업을 하는 경우에 해당하여 갑은 상법 제5조 제1항에서 정한 '의제상인'에 해당하는데, 갑의 차용행위는 학원영업을 위한 준비행위에 해당하고 상대방인 을도 이러한 사정을 알고 있었으므로 차용행위를 한 때 갑은 상인자격을 취득함과 아울러 차용행위는 영업을 위한 행위로서 보조적 상행위가 되어 상법 제64조에서 정한 상사소멸시효가 적용된다.

판례 (대법원 1993. 9. 10. 선고 93다21705 판결)

계주가 여러 개의 낙찰계를 운영하여 얻은 수입으로 가계를 꾸려 왔다 할지라도 계주가 상인적 방법에 의한 영업으로 계를 운영한 것이 아니라면 계주를 상법 제5조 제1항 소정의 의제상인이나 같은 법 제46조 제8호 소정의 대금, 환금 기타 금융거래를 영업으로 운영한 것에 해당한다고 볼 수 없으므로 계불입금채권을 5년의 소멸시효가 적용되는 상사채권으로 볼 수 없다.

1. 설비상인

점포 기타 유사한 설비[43]에 의하여 商人的方法(상인적방법)으로 기본적상행위 이외의 행위를 영업으로 하는 자를 「設備商人(설비상인)」이라 하며(§5①), 목축업자, 농장주 등이 이에 속한다.

여기서 「상인적 방법」이란 去來慣行上(거래관행상) 상인이 일반적으로 영업에 이용하는 경영방법으로서 支配人(지배인)의 選任(선임), 商號(상호)의 사용, 商業帳簿(상업장부)의 작성 등을 말한다.

판례 (대법원 2007.7.26. 자 2006마334 결정)

근래에 전문직업인의 직무 관련 활동이 점차 상업적 성향을 띄게 됨에 따라 사회적 인식도 일부 변화하여 변호사가 유상의 위임계약 등을 통하여 사실상 영리를 목적으로 그 직무를 행하는 것으로 보는 경향이 생겨나고, 소득세법이 변호사의 직무수행으로 인하여 발생한 수익을 같은 법 제19조 제1항 제11호가 규정하는 「사업서비스업에서 발생하는 소득」으로 보아 과세대상으로 삼고 있는 사정 등을 감안한다 하더라도, 변호사법의 여러 규정과 제반 사정을 참작하여 볼 때, 변호사를 상법 제5조 제1항이 규정하는 「상인적 방법에 의하여 영업을 하는 자」라

43) 영업을 위하여 마련된 모든 물적 설비로서 점포, 창고, 전시시설, 간판 등을 들 수 있다.

고 볼 수는 없다 할 것이므로, 변호사는 의제상인에 해당하지 아니한다.

판례 (대법원 1993. 6. 11. 선고 93다7174, 7181 판결)

약 5,000평의 사과나무 과수원을 경영하면서 그 중 약 2,000평 부분의 사과나무에서 사과를 수확하여 이를 대부분 대도시의 사과판매상에게 위탁판매 한다면 이는 영업으로 사과를 판매하는 것으로 볼 수 없으므로 상인이라고 할 수 없다.

2. 민사회사

기본적 상행위 이외의 행위를 영업으로 하는 회사, 즉 민법상의 營利行爲(영리행위)를 영업으로 하는 회사를 「民事會社(민사회사)」라 하는데(§5②)[44], 농업회사, 수산업회사 등이 이에 해당한다.

민사회사는 영업의 대상에 있어서는 상사회사와 구분되지만 설립조건이나 적용법규 등에서는 특별히 차별화 되지 않아 실제로 민사회사와 상사회사를 구분하는 것이 별 의미를 가지는 것 같지 않다. 또한 농업이나 수산업 분야의 시장도 활성화 되고 그 규모도 대형화 되고 있는 현실을 감안할 때 민사회사를 별도의 상인으로 구분할 필요 없이 상법상의 회사로 편입시키는 방법도 신중하게 생각 해 볼 필요가 있다고 본다.

Ⅲ. 소상인

44) 이는 기본적상행위를 영리의 목적으로 하는 상사회사와 구분하기 위해 기본적상행위 이외의 영리행위를 하는 회사를 민사회사로 부르는 것으로 해석된다.

「小商人(소상인)」은 기업의 규모에 따라 完全商人(완전상인)인 當然商人(당연상인)에 대응하는 개념으로서 기업의 규모가 자본금 1,000만원 미만의 상인으로서 회사가 아닌 자를 말하며(상법시행령 §2) 「簡易商人(간이상인)」이라고도 하는데, 소상인에 대하여는 지배인의 등기(§13), 商號(상호), 商業帳簿(상업장부, §29~§33) 작성 등의 상법상 의무가 면제된다(§9).[45]

다 상인자격

Ⅰ. 상인자격이란?

일정한 형식 또는 내용의 영업을 할 수 있는 상인으로서의 資格(자격) 또는 地位(지위)를 「商人資格(상인자격)」이라 하는데, 기본적으로 상인자격을 취득할 수 있는 자는 자연인과 법인이며, 자연인과 법인의 경우 각각 상인자격의 취득 요건은 다르다. 이는 민법에서 규정하고 있는 권리·의무의 주체의 자격과 동일한 개념이다.

Ⅱ. 자연인의 상인자격

45) 이러한 상법의 입장은 소규모 상인에게 부담을 경감시켜 원활한 영업활동을 보장하기 위함이라고 해석되는데, 현실적으로 1,000만원 미만의 소규모 상인은 흔치 않은 실정이기 때문에 입법취지의 실현을 위해서는 소상인의 규모에 관한 기준을 현실화하는 입법이 필요하다고 본다.

1. 상인자격의 취득요건

自然人(자연인)은 생존기간 동안 行爲能力(행위능력)에 관계없이 영업의사[46]와 權利能力(권리능력)만 있으면 누구나 商人資格(상인자격)을 취득할 수 있다. 즉, 자연인은 자기 스스로 유효한 法律行爲(법률행위)를 할 수 없더라도 법적으로 權利者(권리자) 또는 義務者(의무자)가 될 수 있는 권리능력만 있으면 商人資格(상인자격)을 취득할 수 있다.[47]

자연인이 상인자격을 취득하는 것과 자기 스스로 영업을 하는 것은 별개의 문제이기 때문에 단순히 상인자격을 취득하기 위해서는 권리능력만이 문제될 뿐 營業能力(영업능력)에 요구되는 행위능력은 필요로 하지 않는다.[48]

따라서 사람은 성별, 연령, 경제력 등과 무관하게 남녀노소 누구나 상인자격을 취득할 수 있다.

판례 (대법원 2012.04.13. 선고 2011다104246 판결)

갑이 학원 설립과정에서 영업준비자금으로 을에게서 돈을 차용한 후 학원을 설립하여 운영한 사안에서, 제반 사정에 비추어 갑이 운영한 학

46) 영업의사는 상행위를 통하여 영리를 취득하려는 포괄적 의사로서 점포나 사무실의 임차행위, 개업준비행위, 광고행위, 개업을 위한 사원의 채용, 공장건물의 신축 등이 이에 해당한다.

47) 우리 민법상 권리능력은 출생하여 사망할 때까지 즉, 사람이 생존하는 동안 특별한 요건을 필요로 하지 않고 권리능력이 인정된다(민법 §3). 따라서 사람은 태어나서 사망할 때까지 남녀노소 누구나 특별한 제한 없이 상인자격을 취득할 수 있다.

48) 따라서 영유아나 활동이 불가능한 노인의 경우도 본인이 직접 영업활동을 할 수는 없어도 상인이 될 수 있는 자격은 인정된다. 이러한 경우 실제에서는 대리인을 통해 영업을 할 수 있다.

원업은 점포 기타 유사한 설비에 의하여 상인적 방법으로 영업을 하는 경우에 해당하여 갑은 상법 제5조 제1항에서 정한 '의제상인'에 해당하는데, 갑의 차용행위는 학원영업을 위한 준비행위에 해당하고 상대방인 을도 이러한 사정을 알고 있었으므로 차용행위를 한 때 갑은 상인자격을 취득함과 아울러 차용행위는 영업을 위한 행위로서 보조적 상행위가 되어 상법 제64조에서 정한 상사소멸시효가 적용된다.

2. 상인자격의 취득과 상실

자연인이 상인자격을 취득하는 시점과 상인자격을 상실하는 시점, 즉 상인자격의 始期(시기)와 終期(종기)에 대하여 학설이 일치하지는 않지만[49] 자연인은 생존기간 동안 營業(영업)의 意思(의사)를 가지고 營業行爲(영업행위)를 개시한 때부터 영업의 종료, 즉 영업의 폐지 또는 청산행위의 종료 시점까지 상인자격을 유지하며, 破産管財人(파산관재인)이 재산을 관리하는 경우 破産者(파산자)는 破産宣告(파산선고)에 의해 상인자격을 상실한다.

판례 (대법원 2012.4.13. 선고 2011다104246 판결)

영업의 목적인 상행위를 개시하기 전에 영업을 위한 준비행위를 하는 자는 영업으로 상행위를 할 의사를 실현하는 것이므로 준비행위를

---

49) 상인자격에 관한 자세한 학설은 이상수, 앞의 책, 24~25쪽 참조.

한 때 상인자격을 취득함과 아울러 개업준비행위는 영업을 위한 행위로서 최초의 보조적 상행위가 되는 것이고, 이와 같은 개업준비행위는 반드시 상호등기 · 개업광고 · 간판부착 등에 의하여 영업의사를 일반적 · 대외적으로 표시할 필요는 없으나 점포구입 · 영업양수 · 상업사용인의 고용 등 준비행위의 성질로 보아 영업의사를 상대방이 객관적으로 인식할 수 있으면 당해 준비행위는 보조적 상행위로서 여기에 상행위에 관한 상법의 규정이 적용된다. 따라서 갑이 학원 설립과정에서 영업준비자금으로 을에게서 돈을 차용한 후 학원을 설립하여 운영한 사안에서, 제반 사정에 비추어 갑이 운영한 학원업은 점포 기타 유사한 설비에 의하여 상인적 방법으로 영업을 하는 경우에 해당하여 갑은 상법 제5조 제1항에서 정한 「의제상인」에 해당하는데, 갑의 차용행위는 학원영업을 위한 준비행위에 해당하고 상대방인 을도 이러한 사정을 알고 있었으므로 차용행위를 한 때 갑은 상인자격을 취득한다.

판례 (대법원1999. 1. 29. 선고 98다1584 판결)

부동산임대업을 개시할 목적으로 그 준비행위의 일환으로 당시 같은 영업을 하고 있던 자로부터 건물을 매수한 경우, 위 매수행위는 보조적 상행위로서의 개업준비행위에 해당하므로 위 개업준비행위에 착수하였을 때 상인자격을 취득한다.

Ⅲ. 법인의 상인자격

1. 공법인

公法人(공법인)은 그 설립목적에 따라 상인자격이 인정될 수도 있고 인정되지 않을 수도 있는데, 공법인의 설립목적이 영리를 목적으로 하는 경우는 상인자격을 가질 수 있고, 그렇지 않은 경우는 商人資格(상인자격)이 인정되지 않는다.

1) 특수공법인

特殊公法人(특수공법인)은 농업기반공사[50]와 같이 그 존재목적이 법률상 특정되어 있는 경우 특별한 경우를 제외하고 營利性(영리성)이 없으므로 商人資格(상인자격)이 인정되지 않는다.

따라서 예금보험공사나 대한광업진흥공사는 그 목적이 법률상 특정되어 있는 특수공법인에 해당하므로 상인자격이 인정되지 않지만 학술이나 종교 등 특정한 공익사업을 목적으로 하는 공익법인은 그 목적 달성을 위한 범위 내에서는 영리행위가 허용될 수 있기 때문에 이러한 경우는 특수공법인에 대하여도 상인자격을 인정할 수 있다고 해석하는 것이 합리적이라고 본다.

2) 일반공법인

국가, 지방자치단체 등 一般公法人(일반공법인)은 그 목적이나 활동

---

50) 농업기반공사는 한국농어촌공사및농지관리기금법(과거 농업기반공사및농지관리기금법)에 의해 설립되어 농어촌정비사업과 농지은행사업을 시행하고 농업기반시설을 종합관리하며 농업인의 영농규모적정화를 촉진함으로써 농업생산성의 증대 및 농어촌의 경제 · 사회적 발전에 이바지하는 것만을 목적으로 하는 특수법인이다.

에 제한이 없으며, 그 법인의 재정조달을 위한 營利行爲(영리행위)가 인정된다.[51] 따라서 일반공법인은 商人資格(상인자격)을 가지는데, 그 시기와 종기는 私法人(사법인)과 동일하게 설립등기에 의해 자격을 취득하고 청산종결등기에 의해 상실한다.

2. 사법인

1) 일반적인 경우

私法人(사법인)은 영리추구를 목적으로 설립되는 법인이므로 당연히 영리성이 인정된다. 따라서 설립등기 절차를 마침으로써 法人格(법인격)과 商人資格(상인자격) 및 營業能力(영업능력)까지 동시에 취득하게 되고, 영업의 폐지 또는 청산종결등기에 의해 법인격을 상실하면서 동시에 상인자격도 상실하게 된다.

2) 비영리사단법인

학술, 종교, 사회사업 등 특수한 공익사업을 목적으로 하는 非營利社團法人(비영리사단법인)도 商行爲(상행위)를 목적으로 할 때에는 商人資格(상인자격)을 가진다(다수설).[52] 따라서 이 경우는 자연인과 동일하게 상인자격을 취득하고 상실한다.

---

51) 국가의 국영철도운송사업, 서울시의 지하철 및 주차장운영사업, SH공사의 주택건설사업 등은 국가나 지방자치단체가 영리를 목적으로 하는 행위에 해당하고 따라서 이러한 행위를 하기 위한 상인자격이 인정된다.

52) 그러나 소수설에 의하면 비영리법인은 그 목적이 특정한 공익사업에 한정되기 때문에 상인자격을 인정할 수 없다고 주장하고 있다. 이상수, 앞의 책, 27쪽 참조.

3. 중간법인

상호보험회사나 농업협동조합 등과 같은 중간법인은 원칙적으로 상인자격이 인정되지 않는다. 그러나 경우에 따라서 중간법인의 일정한 영리행위는 상행위로 인정된다.

예컨대, 수산업협동조합중앙회가 신용사업을 영위하는 경우 그 신용사업부문에 대하여 은행법이 적용되는데(은행법 §5), 이러한 경우는 농업협동조합의 상인성이 인정된다.

판례 (대법원 2001. 1. 5. 선고 2000다50817 판결)

수산업협동조합은 상인이 아니기 때문에 그의 거래행위는 상행위라 할 수 없으나, 수산업협동조합에 의하여 지정된 중매인이 그 협동조합과의 거래약정 등에 따라 그 협동조합으로부터 수산물을 다른 사람들에게 전매하기 위하여 매수하는 것은 상인으로서 한 상행위가 된다.

라 영업능력

Ⅰ. 영업능력이란?

타인의 도움 없이 상인이 자기 스스로 유효한 商事契約(상사계약)을 체결할 수 있는 行爲能力(행위능력), 즉 상인이 스스로 유효한 영업행위를 할 수 있는 법률상의 지위 또는 자격을 「營業能力(영업능력)」이라 한다. 따라서 상인자격을 취득하였더라도 법정대리인의 허락을 득한 경우와 같이 특별한 경우를 제외하고 행위능력이 없으면 영업능력은 인정되지 않는다.

상인자격은 법인격만 있으면 취득할 수 있지만 영업능력은 법인격뿐만아니라 행위능력까지 필요로 한다는 점에서 양자는 차이가 있다.

II. 자연인의 영업능력

1. 미성년자와 한정치산자

1) 원칙

未成年者(미성년자)와 限定治産者(한정치산자)는 행위능력이 인정되지 않기 때문에 원칙적으로 자기 스스로는 영업을 할 수 없다. 따라서 미성년자나 한정치산자의 명의로 영업을 하고자 하는 경우는 그 법정대리인이 대리로 영업을 하여야 하며, 이때 법정대리인이 미성년자나 한정치산자를 대리하여 영업을 한다는 내용을 등기하여야 한다(§8).

2) 예외

미성년자나 한정치산자가 法定代理人(법정대리인)의 허락을 받은 경우는 예외적으로 자기명의로 직접 허락받은 범위 내에서 영업행위를 할 수 있는데, 이 경우는 법정대리인의 허락을 받은 내용을 등기하여야 한다(§6, 민법 §8). 법정대리인은 미성년자나 한정치산자에게 영업을 허락한 후 그 허락을 취소하거나 제한 할 수는 있는데, 이 경우 선의의 제3자에게는 대항할 수 없다(민법 §8②).

後見人(후견인)[53]이 미성년자의 영업을 허락하는 경우는 친족회의 동의를 얻어야 한다(민법 §950① 1호, 비송사건절차법 §175②).

미성년자나 한정치산자가 법정대리인의 허락 없이 스스로 商事契約(상사계약)을 체결한 경우 법정대리인은 그 계약을 취소할 수도 있고(민법 §5②), 추인할 수도 있다.[54]

미성년자나 한정치산자가 법정대리인의 허락을 얻어 회사의 無限責任社員(무한책임사원)이 된 경우 그 회사의 社員資格(사원자격)으로 인한 행위에 관하여는 能力者(능력자)로 본다(§7). 따라서 미성년자나 한정치산자도 법정대리인의 허락을 받아서 회사의 무한책임사원으로 정상적인 회사운영에 직접 참여 할 수 있다.

2. 금치산자

禁治産者(금치산자)가 직접 어떠한 물리적인 행위를 한다는 것은 불가능한 상태이기 때문에 법정대리인의 허락을 받아 금치산자 자신이 직접 영업행위를 하는 경우는 현실적으로 그 발생 여지가 없다. 따라서

---

53) 미성년자의 법정대리인은 원칙적으로 친권자, 즉 미성년자의 부모가 되지만 미성년자의 친권자 부모가 모두 친권을 행사할 수 없는 경우는 법원에 후견인 지정신청 절차를 통해 법원으로부터 선임된 후견인이 법정대리인의 역할을 하게 된다. 일반적으로 미성년자의 부모가 모두 사망한 경우 미성년자의 삼촌이나 조부모를 후견인으로 지정한다. 후견인에 관한 자세한 내용은 김주수, 민법개론, 삼영사, 2004, 1168쪽 이하 참조.

54) 일반적으로 미성년자가 법정대리인의 허락을 받지 않고 계약을 체결한 경우 미성년자에게 손해가 되는 경우에만 철회를 하게 되는데, 이러한 경우 그 상대방은 예상치 못한 손해를 입을 수도 있다. 왜냐하면 무능력자는 선의·악의를 묻지 않고 취소된 법률행위로 인하여 받은 이익이 현존하는 한도에서만 상환하도록 되어 있기 때문이다(민법 §141 단서). 따라서 계약에 있어 상대방을 확인하는 것은 매우 중요한 일이다. 김주수, 위의 책, 211쪽 사례 참조.

법정대리인에 의한 대리의 방법으로만 영업이 가능하며, 이 경우도 당연히 법정대리인에 의한 영업은 등기하여야 한다(§8①).

Ⅲ. 법인의 영업능력

자연인은 행위능력이 있어야 영업능력이 인정되는 것과 달리 상인자격을 가지는 私法人(사법인)과 일반공법인은 設立登記(설립등기)를 함으로써 營業能力(영업능력)을 가진다.

Ⅳ. 영업의 제한

1. 영업제한의 필요성

자본주의국가에서 원칙적으로 모든 상인의 영업자유는 보장되어야 하지만 국가의 질서유지 및 공공복리의 목적 달성을 위해서는 일정한 범위 내에서 營業制限(영업제한)의 필요성이 요구되고 있다.

왜냐하면 상인의 영업수단이나 내용 등이 반사회적이거나 공익에 반하는 경우 타인에게 피해를 주거나 사회질서를 파괴하는 결과가 될 수 있기 때문이다.

2. 공법상의 제한

1) 公益上(공익상)의 제한

아편 등의 제조, 수입, 판매 및 음란물의 제조, 반포, 임대, 수출입

등에 대한 영업은 상인 자신의 영리 추구의 수단은 될 수 있겠지만 그 결과 공익을 해치는 행위에 해당하기 때문에 이에 대한 영업은 공법상 제한된다.[55]

2) 국가재정상의 제한

우편사업, 체신보험 · 예금사업 등의 경우는 국가의 재정 충원을 위해 국가사업으로 특정하고, 이에 대한 사적인 영업을 원칙적으로 제한하고 있다.

3) 보건위생 및 공공성에 의한 제한

식품영업, 의약품, 의료용구, 은행업, 보험업, 신탁업 등에 관한 영업은 전문성이 요구되며, 또한 국민경제질서에 미치는 영향이 매우 크기 때문에 이에 대한 영업은 관할관청의 인 · 허가를 득해야 영업이 가능하다.

4) 신분에 의한 제한

법관, 검사, 공무원 등은 재직 중 영리목적의 업무에 종사할 수 없으며(법원조직법 §49 5호), 변호사의 경우는 소속지방변호사협회의 허가를 득하도록 하고 있다.

3. 사법상의 제한

---

55) 예컨대, 마약류관리에관한법률 제3조에서 마약류의 제조, 수출입, 매매 등의 행위를 금지하고 있고, 아동·청소년의성보호에관한법률 제11조에서 아동·청소년이용음란물의 제작 및 수출·수입을 금지하고 있다. 따라서 이 경우는 공법에 의해 영업이 제한되는 경우라고 할 수 있다.

1) 계약에 의한 제한

당사자 간의 경쟁을 금지하는 不作爲契約(부작위계약)은 선량한 풍속 기타 사회질서에 반하지 않는 한 유효하다(민법 §103). 따라서 당사자 간의 계약으로 특정인의 일정한 영업행위를 제한할 수 있다.

2) 상법에 의한 제한

상법 제17조 제1항에서는 「상업사용인은 영업주의 허락없이 자기 또는 제3자의 계산으로 영업주의 영업부류에 속한 거래를 하거나 회사의 무한책임사원, 이사 또는 다른 상인의 사용인이 되지 못한다」 고 규정하여 商業使用人(상업사용인)의 영업을 제한하고 있으며, 상법 제41조 제1항에서는 「영업을 양도한 경우에 다른 약정이 없으면 양도인은 10년간 동일한 특별시 · 광역시 · 시 · 군과 인접 특별시 · 광역시 · 시 · 군에서 동종영업을 하지 못한다」 고 규정하여 營業讓度人(영업양도인)의 영업을 제한하고 있고, 상법 제89조 제1항에서는 「대리상은 본인의 허락 없이 자기나 제3자의 계산으로 본인의 영업부류에 속한 거래를 하거나 동종영업을 목적으로 하는 회사의 무한책임사원 또는 이사가 되지 못한다」 고 규정하여 代理商(대리상)의 영업을 제한하고 있다. 그러나 이들의 營業行爲(영업행위) 그 자체는 유효하다.

제3장 영업설비

가 영업설비란?

「營業設備(영업설비)」란 상인이 영업을 위해 필요로 하는 장소적 공간, 시설, 기계, 경영자 및 보조자 등의 물건과 사람으로서, 이에는 인적·물적 설비가 있는데, 인적 설비로는 상업사용인이 있으며, 물적 설비에는 상인의 영업재산으로서 영업소, 상호, 상업장부 등이 있다.

나 인적 설비로서의 상업사용인

Ⅰ. 상업사용인이란?

1. 상업사용인은 경영보조자이다.

특정상인, 즉 營業主(영업주)에 종속하여 그 상인에 갈음하여 경영상의 대외적 업무에 종사하는 인적 설비인 자연인을 「商業使用人(상업사용인)」 또는 「經營補助者(경영보조자)」라 한다. 이러한 상업사용인의 개념을 상업대리인으로 해석하는 경우도 있는데[56], 상업대리인은 상사관련 업무에 대한 포괄적 의미로서 고용과 무관하게 「대리」의 개념을 중심으로 파악하고, 상업사용인은 「대리」의 개념보다 「고용」을 중심으로 파악하고자 한 것으로 해석된다. 이러한 이유에서 우리상법 제3장에서도 「상업사용인」이라는 명칭을 사용하고 있는 것으로 본다.[57)]

상업사용인에는 지배인, 포괄적 대리권을 가진 상업사용인, 물건판매점포의 사용인 등이 있다.

2. 자연인만이 상업사용인이 될 수 있다.

상업사용인은 상인의 商事代理人(상사대리인)으로서 특별한 자격요건은 법으로 정하지 않고 있으나 法人(법인)은 상업사용인이 될 수 없으며, 自然人(자연인)만이 상업사용인이 될 수 있다.[58)] 물론 이론상으로는 법인도 상업사용인이 될 수 있다고 해석할 수는 있지만 상업사용인의 존재의 목적은 영업주의 영업을 보조하거나 신속하게 처리하여 더 많은 이윤을 창출하는 것인데, 법인을 상업사용인으로 선임하게 되는 경우는 오히려 복잡한 절차 등으로 상거래의 신속성의 요구를 실현할 수 없게 되고 결국에는 상업사용인의 선임 목적을 달성할 수 없게 되어 현실적으로는 무의미하게 되기 때문이다.

---

56) 이범찬·최준선, 상법(상), 삼영사, 2008, 154쪽 참조.

57) 문언적으로 볼때 상업대리인은 일반적으로 특정상인의 영업에 관한 업무를 일시적으로 단순하게 대리하는 경우로 볼 수 있고, 상업사용인은 특정상인이 자신의 영업 전부 또는 일부에 대하여 장기적·계속적·전문적·포괄적으로 위임하기 위해 고용하는 개념으로 해석할 수 있기 때문에 상업사용인으로 보는 것이 타당하다고 본다.

58) 상업사용인은 자연인만이 될 수 있다는 것은 법정개념이 아니고, 일반적인 상거래상의 실질적 개념으로서 다수설의 입장이다. 손주찬, 상법(상), 박영사, 2004, 95쪽 참조.

판례 (대법원 1996. 8. 23. 선고 95다39472 판결)

주식회사의 기관인 상무이사도 상법 제15조 소정의 부분적 포괄대리권을 가지는 그 회사의 사용인을 겸임할 수 있다. 예금주가 주식회사인데 구 인감이 없는 경우의 인감변경신고를 한 자가 회사의 대표이사가 아닌 경우, 은행예금규정상 당해 인감변경신고는 예금주 본인임을 확인하거나 재산 또는 신용상태가 확실한 연대보증인 1인 이상을 입보시킨 후 처리토록 되어 있고, 은행거래에 있어 신고된 예금주의 인감은 극히 중요한 기능을 가지며, 주식회사는 대표이사만이 대외적으로 회사를 대표할 권한이 있다는 점 등에 비추어, 그 신고자가 예금주인 주식회사의 상무이사로서 평소 신고된 인감을 사용하는 거래의 담당 책임자임을 확인하는 것만으로는 예금주 본인임을 확인한 것으로 볼 수 없고, 인감변경신고를 수리하려는 은행으로서는 그 예금규정에 따라 적절한 방법으로 회사의 대표이사에 대하여 확인을 하는 등 예금주의 의사에 의하지 아니한 인감 변경으로 인한 부정행위의 발생을 방지할 주의의무가 있다.

II. 지배인

1. 지배인이란?

「支配人(지배인)」이란 영업주를 갈음하여 그 영업에 관한 裁判上(재판상) 또는 재판외의 모든 행위를 할 수 있는 포괄적인 營業代理權(영업대리권)을 가진 최고급의 경영보조자를 말한다.

2. 지배인의 포괄적 대리권

지배인은 영업주를 갈음하여 영업주의 영업에 관한 재판상 및 재판외의 모든 포괄적 대리권을 가지는데, 이를 「支配權(지배권)」이라고 한다(§11①).

여기서 「영업주의 영업에 관한 모든 포괄적 대리권」이란 영업주의 모든 영업에 관한 포괄적 대리권이 아니고 상호 또는 영업소에 의하여 특정된 영업에 한정된다.[59] 이는 상인은 지배인을 선임하여 본점 또는 지점에서 영업을 하게 할 수 있다고 규정한 상법 제10조에서 그 근거를 찾을 수 있다.

지배인의 포괄적 대리권을 법적으로 보장하는 이유는 복잡한 절차를 생략하고 지배인에게 포괄적 대리권을 인정함으로써 원활하고 신속한 영업활동을 통해 보다 많은 이윤을 창출할 수 있도록 하기 위한 것으로 해석된다.[60]

1) 재판상의 행위에 관한 대리권

支配人(지배인)은 영업주의 영업에 관한 법적 분쟁이 발생한 경우 영업주에 갈음하여 지배인의 자격으로 직접 소송을 수행할 수도 있고, 변호사를 선임하여 訴訟(소송)을 대신 수행케 할 수도 있다.[61] 즉, 지

59) 예컨대, 국민은행 특정 지점의 지점장으로 선임된 지배인은 그 특정된 지점에 관한 모든 영업상의 포괄적인 대리권만을 가지는 것이며, 모든 국민은행의 영업에 관한 대리권을 가지는 것은 아니다. 이범찬 · 최준선, 앞의 책, 161쪽.

60) 만약 지배인이 사사건건 영업주로부터 위임을 받아 업무를 처리하게 된다면 그에 소요되는 시간과 절차상의 복잡성으로 인해 영업활동은 둔화되고 그 결과 이윤 추구의 목적 달성은 성공하기 어렵게 될 수 있기 때문이다.

61) 지배인은 영업에 관한 전문경영인으로 선임되고 활동하는 것이 현실이며, 영업에 관한 재판상의 문제에 대해서는 직접 소송을 수행할 수도 있지만 현실적으로는 대부분 변

배인은 자신이 위임받은 영업의 범위 내에서 발생한 법적 분쟁에 대해서는 영업주로부터 별도의 위임을 받지 아니하고 그 법적분쟁을 해결하기 위한 소송사건을 지배인 자신이 직접 소송당사자로서 소송을 수행하든가 변호사를 선임하여 처리하든가 지배인이 임의로 판단할 수 있다. 실무에서는 소송기술상의 이유로 대부분 지배인이 변호사를 선임하여 법적분쟁을 처리하고 있다.

2) 재판 이외의 행위에 관한 대리권

支配人(지배인)은 영업주의 영업에 관한 商事契約(상사계약) 등의 法律行爲(법률행위)를 별도의 委任(위임) 절차 없이 대리할 수 있다. 따라서 지배인은 자유로운 의사결정으로 신속한 영업활동을 할 수 있게 된다.

예컨대, 지배인으로서의 은행지점장은 당해 은행의 대출등의 영업업무를 처리함에 있어 영업주인 은행장으로부터 별도의 위임절차 없이 지점장 명의로 직접 계약을 처리할 수 있다.

3) 상업사용인 選任權(선임권)

支配人(지배인)은 영업주의 영업을 위해 지배인이 아닌 점원 기타 사용인을 選任(선임) 또는 解任(해임)할 수 있다(§11②). 지배인을 선임할 수 있는 자는 영업주이기 때문에 지배인이 다름 지배인을 선임할 수는 없고, 지배인 이외의 상업사용인은 지배인이 영업의 효율성등을 감안하여 임의로 선임 및 해임할 수 있다.

호사를 선임하여 소송사건을 처리하고 있는 실정이다.

4) 지배권 제한의 효력

영업주는 지배인의 代理權(대리권), 즉 支配權(지배권)의 범위를 제한할 수는 있으나 지배권은 본래 포괄적인 대리권의 성질을 가지는 것으로 법정되어 있기 때문에 영업주가 지배인과 합의하여 영업의 일부분에 관한 대리권만 위임하고 나머지 부분에 대한 대리권은 위임하지 아니한 경우, 영업주와 지배인 간에는 그 대리권의 제한에 대하여 주장할 수 있지만, 善意(선의)의 제3자에 대하여는 지배권의 제한에 대하여 대항하지 못한다(§11③).

3. 지배인의 선임 및 종임

1) 選任(선임)

「지배인의 선임」은 지배인에게 대리권을 수여하는 수권행위로서, 支配人(지배인)은 기업의 名義人(명의인)인 영업주 또는 그 대리인이 營業所(영업소)를 단위로 선임할 수 있다(§10). 즉, 각 영업소별로 지배인을 선임할 수 있다. 따라서 영업소는 지배인의 선임단위가 된다.

지배인의 명칭이나 선임방식 및 자격에 대해서는 자연인이어야 한다는 조건을 제외하고 특별한 제한이 없기 때문에 행위무능력자도 지배인으로 선임할 수 있다. 그러나 모회사인 주식회사나 유한회사의 감사는 직무의 특성상 소속회사 및 그 자회사의 지배인으로 선임될 수 없다(§411, 570). 왜냐하면 감사는 지배인의 업무집행에 대한 감시·감독하는 직무를 수행하여야 하는데, 자신이 자신의 업무집행에 대하여 공정하게 감사한다는 것은 기대할 수 없기 때문이다.

2) 終任(종임)

「지배인의 종임」은 지배권이 소멸하는 현상으로서 支配人(지배인)의 사망·禁治産(금치산)·破産(파산), 위임계약의 종료, 영업주의 해임, 영업주의 파산 등과 같은 사유에 의해 支配權(지배권)이 소멸된다. 그러나 민법상의 대리권과 달리 영업주의 사망에 의해서는 지배권이 소멸하지 않는다.[62)]

3) 登記(등기)

支配人(지배인)의 선임과 종임은 등기하여야 하며(§13), 등기하지 않으면 善意(선의)의 제3자에게 대항하지 못한다(§37). 따라서 사실상 해임된 이전의 지배인이 해임등기를 하기 전에 기존의 거래처로부터 수금을 한 경우 기존의 거래처는 이전의 지배인이 해임된 사실을 알지 못하는 한 그 채무의 이행은 유효하기 때문에 영업주는 이를 가지고 기존의 거래처에 대항할 수 없다.[63)]

4. 공동지배인

「共同支配人(공동지배인)」은 영업주가 동일한 영업소의 영업을 위해 여러 명의 지배인을 선임한 경우를 말하는데, 이 공동지배인들은 공

---

62) 민법에서는 당사자 일방의 사망을 대리권의 소멸사유로 법정하고 있지만(민법 §690), 상법의 특성인 상행위의 지속성에 의해 영업은 영업주가 사망하더라도 상속의 대상이 되기 때문에 영업의 안정성과 지속성을 보호하기 위해 상법은 상행위의 위임에 의한 대리권은 본인의 사망으로 인해 소멸하지 않는다고 명문으로 규정하고 있다(§50).

63) A기업의 지배인 갑이 사실상 해임되었으나 해임등기가 이루어지기 전에 갑이 A기업의 기존 거래처인 B기업으로부터 외상채권을 수령한 경우 A기업은 갑에게 외상채권의 반환을 청구할 수는 있어도 B기업에 대하여 외상채권의 지급을 청구할 수 없다.

동으로 支配權(지배권)을 행사하여야 한다(§12①). 즉, 공동지배인의 지배권은 모든 공동지배인이 공동으로 행사하여야만 효력을 가질 수 있도록 사실상 대리권의 범위를 제한하는 경우에 해당 한다[64]. 그러나 단순히 의사표시의 수령만 하는 수동대리의 경우는 1인의 공동지배인이 수령하여도 그 효과는 본인에게 귀속된다(§12②).

5. 표현지배인

1) 표현지배인이란?

「表見支配人(표현지배인)」이란 支配權(지배권)에 대한 정상적인 수권행위는 없었으나 외관상 정상적인 지배권을 가진 것으로 인정할만한 지위에 있는 자가 경영활동상 본점 또는 지점의 본부장, 지점장, 그 밖에 지배인으로 인정될 만한 명칭, 즉 營業主任(영업주임)임을 나타내는 명칭을 사용하는 경우 실제로는 支配人(지배인)이 아니지만 영업거래에 있어서 善意(선의)의 제3자를 보호하기 위해 본점 또는 지점의 지배인과 동일한 대리권을 가진 것으로 인정하는 것을 말한다.

상법은 이러한 表見支配人(표현지배인)의 행위에 대하여 영업주가 책임을 지도록 하고 있다(§14①). 그러나 재판상의 행위 및 惡意(악의)의 제3자에 대해서는 표현지배인의 행위에 대한 영업주의 책임을 인정하지 않는다(§14②).[65]

---

64) 예컨대, A기업이 공동지배인 갑, 을, 병을 선임한 경우 A기업 명의로 계약을 체결하는 경우 계약서에 갑, 을, 병이 모두 서명날인 하여야 정상적으로 효력이 발생하며, 갑, 을, 병 중 1명이라도 서명날인하지 않는 경우는 그 계약은 정상적인 효력을 가지지 못한다.

65) 표현지배인은 정상적인 수권 절차가 결여되었지만 외관상 지배권의 존재를 인정할 만한 사유가 있는 경우 선의의 제3자를 보호하기 위해 인정되는 제도이기 때문에 표현지

판례 (대법원 2003. 2. 11. 선고 2002다62029 판결)

상법 제395조에 정한 표현대표이사의 행위로 인한 회사의 책임이 성립하기 위하여는 회사의 대표이사가 아닌 이사가 외관상 회사의 대표권이 있는 것으로 인정될 만한 명칭을 사용하여 거래행위를 하여야 하고, 그와 같은 명칭이 표현대표이사의 명칭에 해당하는지 여부는 사회 일반의 거래통념에 따라 결정하여야 한다.

따라서 「경리담당이사」는 회사를 대표할 권한이 있는 것으로 인정될 만한 명칭에 해당한다고 볼 수 없다고 하여 상법 제395조에 따른 회사의 책임을 인정할 수 없다.

2) 표현지배인의 인정 요건

(1) 영업소가 존재할 것

지배인은 영업소를 단위로 선임되기 때문에 표현지배인으로 인정하기 위해서는 표현지배인이 소속된 영업소가 실질적으로 존재하여야 한다(다수설과 판례의 입장). 아무리 영업주임의 명칭을 사용한다고 하더라도 영업소가 존재하지 않는 경우 그를 지배인으로 믿고 거래를 하였다면 그 상대방의 과실은 선의로 보호받을 수 있는 범위를 넘은 것으로 되어 보호받을 수 없다.

배인에게 정상적인 지배권이 존재하지 않는다는 사실을 알고 있는 악의의 제3자는 보호할 필요가 없고, 소송실무에서는 지배인 명의로 소송을 진행하는 경우 지배인의 등기부등본을 제출하여야 하기 때문에 정상적인 지배인이 아닌 한 지배인 등기부를 제출할 수 없어 표현지배인에 관한 문제는 발생할 여지가 없다.

판례 (대법원 1998.10.13. 선고 97다43819 판결)

상법 제14조 제1항 소정의 표현지배인이 성립하려면 당해 사용인의 근무 장소가 상법상의 영업소인 「본점 또는 지점」의 실체를 가지고 어느 정도 독립적으로 영업 활동을 할 수 있는 것임을 요하고, 본 · 지점의 기본적인 업무를 독립하여 처리할 수 있는 것이 아니라 단순히 본 · 지점의 지휘 · 감독 아래 기계적으로 제한된 보조적 사무만을 처리하는 영업소는 상법상의 영업소인 본 · 지점에 준하는 영업장소라고 볼 수 없다.

회사의 주주로서 자금조달 업무에 종사함과 아울러 지방 연락사무소장으로서 그 회사로부터 토지를 분양받은 자들과의 연락업무와 투자중개 업무를 담당해 온 자는 회사를 위하여 독립적으로 영업활동을 할 수 있는 지위에 있었다고 단정할 수 없기 때문에 표현지배인이 아니다.

(2) 영업주임의 명칭 사용

상업사용인이 영업소의 영업에 관한 지배권을 가지고 있는 것처럼 지점장, 지점장대리, 회사지부장, 지사장, 출장소장 등과 같은 營業主任(영업주임)의 명칭을 사용함으로써 그 상대방이 그를 지배인으로 믿도록 하였어야 한다. 그리고 영업주임의 명칭을 사용하는 데 대하여 영업주의 허락 또는 묵인이 있어야 한다.[66]

(3) 상대방의 善意(선의)

---

66) 현실적으로 신속성을 요하는 상거래에서 상대방을 손쉽게 확인하는 방법은 명함의 사용인데, 명함의 내용에 대한 진위여부를 현장에서 확인하는 것은 현실적으로 불가능하고 복잡하다. 따라서 거래상대방의 명함을 통해 지배권이 존재하는 것으로 믿을 만한 명칭을 상대방이 사용하고 있다는 사실만 확인하면 된다. 그러나 분쟁을 예방하기 위해 확실한 방법은 지배권의 존재여부를 등기를 통해 확인하면 정확하지만 신속한 거래를 위해서는 사실상 어려움이 있다.

표현지배인이 사실상 지배권을 갖지 않았다는 사실을 상대방이 알지 못하였거나 알 수 없었어야 한다. 만약 상대방이 지배권의 부존재를 알았다면 당연히 악의적이어서 이 제도의 보호대상에서 제외된다.[67]

3) 표현지배인의 법적 효과

(1) 원칙

외관을 신뢰하고 표현지배인과 거래한 善意(선의)의 제3자를 보호하기 위해 지배인과 동일한 代理權(대리권)을 가진 것으로 인정하여 표현지배인의 재판 외의 행위에 대해 영업주의 책임을 인정하고 있다(§14①).

따라서 표현지배인과 거래한 선의의 제3자는 영업주에게 그 거래로부터 발생한 법률효과를 주장할 수 있고, 영업주는 그에 대한 법적 책임을 부담하게 된다.

(2) 예외

표현지배인이 완전한 지배권을 갖고 있지 않다는 사실을 알았거나 알 수 있었던 惡意(악의)의 제3자나 재판상의 행위에 대해서는 영업주의 책임이 인정되지 않는다(§14②).

판례 (대법원 2010.04.29. 선고 2009다96731 판결)

구 수산업협동조합법(2004. 12. 31. 법률 제7311호로 개정되기 전의 것) 제65조 제4항에 의하면, 지구별 수산업협동조합은 사업수행을 위하여 국가 · 공공단체 · 중앙회 및 다른 금융기관으로부터만 자금을 차입

---

67) 선의 여부에 대한 입증책임은 거래 상대방의 몫이다.

할 수 있고, 다른 기관이나 개인으로부터는 차입할 수 없도록 되어 있으므로 제3자의 채무에 대하여 지급보증을 하거나 지급의무를 부담하는 행위는 차입에 속하는 채무부담행위로서 강행법규에 위반되어 무효이고, 이는 채무부담행위가 상법상 지배인으로서 그 영업에 관한 재판상 또는 재판외의 일체의 권한을 행사할 수 있는 조합 상무에 의하여 이루어졌다고 하여도 마찬가지이다.

판례 (대법원 1993. 12. 10. 선고 93다36974 판결)

「지점차장」이라는 명칭은 그 명칭 자체로서 상위직의 사용인이 존재한다는 사실을 추측할 수 있게 하는 것이므로 상법 제14조 제1항 소정의 영업주임 기타 이에 유사한 명칭을 가진 사용인을 표시하는 것이라고 할 수 없고, 따라서 지점차장은 표현지배인이 아니다.

Ⅲ. 부분적 포괄대리권을 가진 상업사용인

특정 종류 또는 내용의 영업에 관한 재판 외의 행위를 할 수 있는 포괄적인 代理權(대리권)을 가진 자를 部分的 包括代理權(부분적 포괄대리권)을 가진 商業使用人(상업사용인)이라 한다(§15①).[68]

부장, 과장, 계장 등이 이에 해당하며, 이들에 대한 選任(선임) 및 代理權(대리권)의 소멸 등은 지배인과 달리 등기사항에 해당하지 않는다.

또한 부분적 포괄대리권을 가진 상업사용인에 대하여는 표현지배인에 관한 문제도 적용되지 않는다.

---

68) 특정 기업의 총무부나 관리팀, 건설회사의 특정 현장 등의 업무 중 재판에 관한 내용을 제외한 모든 영업 분야에 대한 포괄적 대리권을 가진 상업사용인을 말한다.

판례 (대법원 2007.08.23. 선고 2007다23425 판결)

부분적 포괄대리권을 가진 사용인의 경우에는 상법은 사용인으로 오인될 만한 유사한 명칭에 대한 거래 상대방의 신뢰를 보호하는 취지의 규정을 따로 두지 않고 있는바, 그 대리권에 관하여 지배인과 같은 정도의 획일성, 정형성이 인정되지 않는 부분적 포괄대리권을 가진 사용인들에 대해서까지 그 표현적 명칭의 사용에 대한 거래 상대방의 신뢰를 무조건적으로 보호한다는 것은 오히려 영업주의 책임을 지나치게 확대하는 것이 될 우려가 있으며, 부분적 포괄대리권을 가진 사용인에 해당하지 않는 사용인이 그러한 사용인과 유사한 명칭을 사용하여 법률행위를 한 경우 그 거래 상대방은 민법 제125조의 표현대리나 민법 제756조의 사용자책임 등의 규정에 의하여 보호될 수 있다고 할 것이므로, 부분적 포괄대리권을 가진 사용인의 경우에는 표현지배인에 관한 상법 제14조의 규정이 유추적용 될 수 없다.

판례 (대법원 1994. 9. 30. 선고 94다20884 판결)

건설업을 목적으로 하는 건설회사의 업무는 공사의 수주와 공사의 시공이라는 두 가지로 크게 나눌 수 있는데, 건설회사 현장소장은 일반적으로 특정된 건설현장에서 공사의 시공에 관련한 업무만을 담당하는 자이므로 특별한 사정이 없는 한 상법 제14조 소정의 본점 또는 지점의 영업주임 기타 유사한 명칭을 가진 사용인, 즉 이른바 「표현지배인」이라고 할 수는 없고, 단지 상법 제15조 소정의 영업의 특정한 종류 또는 특정한 사항에 대한 위임을 받은 사용인으로서 그 업무에 관하여 부분적 포괄대리권을 가지고 있다고 봄이 상당하다.

Ⅳ. 물건판매점포의 사용인

물건을 판매하는 점포의 사용인은 그 판매에 관한 모든 권한[69]이 있는 것으로 본다(§16 ①). 이러한 擬制商業使用人(의제상업사용인)에는 점원, 서기 등이 있다.

물건판매점포의 사용인은 물건을 판매하는 점포가 전제되어야 하기 때문에 외무사원이나 외판원의 경우는 이에 해당하지 않는 것으로 해석된다.

지배인과 부분적 포괄대리권을 가진 상업사용인은 영업주의 위임에 의해 대리권이 발생하는데 비해 물건판매점포의 사용인은 거래의 안전을 보호하기 위한 상법 제16조에 의해 인정되는 대리권이라는 점에서 비교된다.

판례 (대법원 1994. 9. 30. 선고 94다20884 판결)

상사회사(백화점) 지점의 외무사원은 상법 제16조 소정 물건 판매점포의 사용인이 아니므로 위 회사를 대리하여 물품을 판매하거나 또는 물품대금의 선금을 받을 권한이 있다고 할 수 없고 위 외무사원의 점포 밖에서 그 사무집행에 관한 물품거래행위로 인하여 타인에게 손해를 입힌 경우에는 위 회사는 사용자의 배상책임을 면할 수 없다.

---

69) 물건 판매에 관한 모든 권한이란 물건 값의 흥정이나 반품 또는 교환 등에 관한 결정 권한을 말한다.

V. 상업사용인의 의무

1. 상업사용인의 경업금지의무

1) 경업금지의무란?

「상업사용인의 競業禁止義務(경업금지의무)」란 상업사용인이 영업주의 허락 없이 자기 또는 제3자의 계산으로 영업주의 영업부류에 속하는 거래를 하여서는 아니 되는 法定義務(법정의무)를 말한다(§17① 전단).[70)]

따라서 영업주와 상업사용인간에 경업금지의무에 관한 별도의 약정이 없더라도 상업사용인은 이를 준수하여야 한다. 그러나 영업주의 허락을 받거나 묵시적 용인이 있는 경우 영업주의 영업과 동일 또는 유사한 영업을 하여도 競業禁止義務(경업금지의무)를 위반한 경우에 해당하지 않는다.

판례 (대법원 2012.09.27. 선고 2010다99279 판결)

시사주간지 "시사저널"을 발행하는 갑 주식회사의 기자인 을 등이 무기정직 및 대기발령처분을 받은 상태에서 파업에 적극적으로 참여하고 갑 회사의 퇴직자들과 함께 경쟁업체를 설립하여 경쟁매체인 "시사IN"을 발간하였는데 그 후 갑 회사가 을 등을 해고한 사안에서, 을 등이 경쟁업체를 설립하여 경쟁매체를 발간한 행위는 경업금지의무를 위

---

70) 이 의무는 영업주가 영업을 위해 모든 비용을 투자하여 영업기반을 형성한 후 상업사용인을 통해 영업을 하는데 상업사용인이 영업주의 영업기반을 무단 사용하는 것은 영업주의 영업자산을 불법적으로 침해하는 것이며, 상도례상으로도 인정될 수 없는 행위이기 때문에 영업주의 허락이 없는 한 상법이 이를 허용치 않겠다는 단호한 입장이다.

반한 것으로서 징계사유에 해당하고 갑 회사로서는 그로 인하여 사회통념상 을 등과 근로관계를 계속하기 어려운 것으로 보이므로, 을 등에 대한 해고처분은 징계재량권 범위를 일탈하거나 남용하였다고 볼 수 없다.

2) 경업금지의무 위반의 효과

상업사용인이 競業禁止義務(경업금지의무)를 위반한 경우 영업주는 다음과 같은 權利(권리)를 행사할 수 있다.

(1) 개입권

상업사용인이 영업주의 허락 없이 자신의 계산으로 영업주의 영업과 경쟁적인 영업의 계약을 체결한 경우 영업주는 그 계약의 당사자로서의 지위를 주장할 수 있다(§17② 전단).[71] 이를 「介入權(개입권)」 또는 「奪取權(탈취권)」이라고 한다.

상법이 상업사용인의 경업금지의무 위반에 대하여 개입권을 인정하는 것은 영업주가 상업사용인의 경업금지의무 위반로 인한 손해를 입증해야 하는 어려움을 해소하고, 고객관계를 계속 유지할 수 있도록 편의를 제공하기 위함으로 해석된다.

(2) 이득양도청구권

상업사용인이 영업주의 허락 없이 제3자의 계산으로 영업주의 영업과 경쟁적인 영업의 계약을 체결한 경우 영업주는 상업사용인을 상대로 그로 인한 이익의 상환을 청구할 수 있다(§17② 후단). 이를 利得讓

---

71) 예컨대, 영업주 갑이 을을 고용하여 영업소의 지배인으로 선임한 경우, 을이 영업주의 영업 분야에 해당하는 내용의 계약을 병과 체결한 경우 갑은 그 계약에서 을의 지위를 대신하여 계약당사자로서의 효력을 주장할 수 있다.

渡請求權(이득양도청구권)」이라 한다.

3) 손해배상청구권

상업사용인이 競業禁止義務(경업금지의무)를 위반한 경우 개입권과 이득양도청구권을 행사하더라도 영업주의 손해를 완전히 충당할 수 없는 경우는 별도의 損害賠償請求(손해배상청구)가 가능하다(§17③).

손해배상청구는 적극적 손해뿐만 아니라 소극적 손해도 청구할 수 있다. 그러나 일반적으로 소극적 손해는 많이 발생하지만 그를 입증하는 것이 쉽지 않은 실정이다.

(4) 계약해지권

상업사용인이 競業禁止義務(경업금지의무)를 위반한 경우 영업주는 그 상업사용인과의 雇傭契約(고용계약)을 解止(해지)할 수 있다(§17③).

3) 제척기간

상업사용인이 競業禁止義務(경업금지의무)를 위반한 경우 영업주가 행사할 수 있는 介入權(개입권)과 利得讓渡請求權(이득양도청구권) 등은 영업주가 그 위반사실을 안 날로부터 2주, 위반이 있은 날로부터 1년 이내에 행사하여야 한다(§17④). 이는 消滅時效(소멸시효)가 아니고 除斥期間(제척기간)에 해당한다.[72]

---

72) 「소멸시효」는 일정 기간 내에 권리자가 권리행사를 하지 않으면 그 효력을 소멸시키는 제도인데, 소멸시효기간 내에 권리자가 권리를 행사하면 그 소멸시효는 중단된다. 그러나 「제척기간」은 일정한 기간이 경과 되면 권리행사가 불가능하도록 정한 제도이다. 여기서 제척기간을 정한 이유는 상거래관계의 신속한 확정을 통하여 상거래의 원활화를 도모하기 위한 상법의 특성으로 해석된다.

판례 (대법원 2008.05.29. 선고 2005다25151 판결)

대규모 상가를 분양할 경우에 분양자가 수분양자들에게 특정 영업을 정하여 분양하는 이유는 수분양자들이 해당 업종을 독점적으로 운영하도록 보장하는 한편 상가 내의 업종 분포와 업종별 점포 위치를 고려하여 상가를 구성함으로써 적절한 상권이 형성되도록 하고 이를 통하여 분양을 활성화하기 위한 것이고, 수분양자들로서도 해당 업종에 관한 영업이 보장된다는 전제 아래 분양회사와 계약을 체결한 것이므로, 지정업종에 관한 경업금지의무는 수분양자들에게만 적용되는 것이 아니라 분양자에게도 적용된다. 이 경우 분양자의 수분양자에 대한 의무는 수분양자의 영업권을 실질적으로 보호하기 위한 것이므로, 비록 분양자가 상가의 활성화를 위하여 업종의 일부를 변경하고 매장의 위치를 재조정하여 상가의 구성을 변경한다고 하더라도, 그로 인하여 기존의 영업상 이익을 침해받을 처지에 있지 아니한 수분양자에 대하여는 의무를 위반한 것이 아니다.

2. 상업사용인의 겸직금지의무

1) **겸직금지의무란?**

영업주의 허락 없이 상업사용인은 회사의 無限責任社員(무한책임사원), 理事(이사) 또는 다른 상인의 상업사용인이 되지 못한다(§17① 후단). 이러한 상업사용인의 義務(의무)를 「兼職禁止義務(겸직금지의무)」라 하는데, 이를 「특정지위취임금지의무」라고도 한다.

이는 상업사용인의 능력이 분산되는 것을 방지하기 위해 商法(상법)이 규정한 法定義務(법정의무)이다.

2) 위반의 효과

상업사용인이 겸직금지의무를 위반하여 자기 또는 제3자의 이익을 추구한 경우 영업주는 상업사용인의 고용계약을 해지할 수 있고, 상업사용인의 겸직금지의무 위반으로 인해 영업주에게 손해가 발생한 경우는 손해배상청구권을 행사할 수도 있다(§17③). 그러나 겸직금지의무의 성질 상 개입권의 행사는 불가능한 것으로 해석된다.

다 물적 설비로서 영업소

Ⅰ. 영업소란?

「營業所(영업소)」는 상인의 영업활동의 중심이 되는 장소로서, 상인의 물적 설비에 해당한다. 여기서 영업활동의 중심이 된다는 것은 영업에 관한 의사결정, 인사, 지휘, 감독, 보고 등 영업을 위해 필요한 중요한 내용을 말한다.

영업소에는 주된 영업소인 本店(본점)과 종된 영업소인 支店(지점)이 있다.

Ⅱ. 영업소의 요건

1. 계속성

영업소는 상인의 영업활동이 전개되는 중심적 공간으로서 계속적으로 연속되어야 할 필요가 있기 때문에 일정한 장소에서 어느 정도 지속적으로 영업활동이 이루어져야 한다.[73] 따라서 일시적인 매점이나 이동식 점포는 영업소가 될 수 없다.

2. 독립성

영업소는 다른 영업소나 본점으로부터 영업상의 판단, 경제, 인사 등에 있어서 독립성을 가져야 한다. 따라서 본점으로부터 모든 지시를 받아 운영되는 물건 수집소나 판매대금의 수금만을 목적으로 설치된 관리사무소 등은 「영업소」라는 명칭을 사용하더라도 商法(상법)상의 영업소로서 보호받지 못한다.

3. 고정성

영업소는 또한 물리적으로 일정한 공간적 장소를 확보하여야 한다. 장소의 기준은 객관적으로 영업활동의 중심이 되는 장소로서의 실체를 갖춘 것이면 족하며, 사회통념에 따라 구체적으로 판단하여야 한다.[74]

Ⅲ. 영업소의 법적 효과

1. 일반적 효과

---

73) 특정 개인의 집에서 중고자동차의 매매계약을 체결하는 경우는 일시적으로 발생하는 계약이기 때문에 이는 계속성이 인정되지 않는다. 따라서 매매계약이 이루어진 개인의 집은 영업소가 되지 않는다.

74) 따라서 신도시 대단위 아파트단지의 분양을 위해 일시적으로 설치되는 부동산사무소는 상법상 영업소로서의 효력이 없다.

1) 영업에 관한 채무이행장소

商去來關係(상거래관계)의 당사자 간에 영업으로 인한 채무변제의 장소에 관한 합의가 없는 경우는 영업소가 그 債務辨濟(채무변제)의 장소가 된다(민법 §467② 단서).[75] 이 규정은 임의규정이기 때문에 당사자 간에 채무변제 장소를 특정한 경우는 그 특정장소가 채무변제 장소가 된다.

판례 (대법원 2012.07.16. 2009마461 결정)

국내에 영업소가 있는 선박대리점이 외국의 선박소유자 등과의 선박대리점계약에 기하여 외국 선적의 선박에 관하여 항해 등에 관한 사무의 처리를 위탁받아 그 사무를 처리하는 경우에, 선박대리점계약에 의하여 발생하는 채권 및 채무의 종류 · 내용과 효력, 그리고 변제 그 밖의 방법에 의한 소멸 등의 사항에 관하여 당사자가 준거법을 따로 선택하지 아니하였다면, 다른 특별한 사정이 없는 한 국제사법 제26조 제2항 단서에 의하여 계약과 가장 밀접한 관련이 있는 것으로 추정되는 선박대리점의 영업소가 있는 우리나라의 법이 준거법이 된다.

판례 (대법원 2011.04.22. 자 2011마110 결정)

변호사 갑이 을과의 소송대리 위임계약에 따라 성공보수금 지급을 구하는 소를 제기한 사안에서, 성공보수금 지급채무가 민법 제467조 제2항 단서에서 의미하는 '영업에 관한 채무'라거나 혹은 갑의 변호사

---

75) 상사계약에 있어서 채무변제의 특정 기일은 약정하지만 채무변제 장소에 관한 약정은 일반적으로 간과하는 것이 현실이다. 이러한 경우 상거래관계자의 영업소를 채무변제 장소로 법이 인정한다는 것이다.

사무소가 위 조항에서 의미하는 '영업소' 라고 볼 수는 없고, 이때 을의 이행채무는 지참채무로서 갑의 주소지 관할법원에 관할권이 있다.

2) 상업등기소의 관할 기준

상업등기의 管轄權(관할권)은 등기하고자 하는 영업소의 소재지를 관할하는 등기소가 가지며(§34), 관할권을 위반한 商業登記(상업등기)는 무효이다. 따라서 영업소는 상업등기소의 관할 기준이 된다.

판례 (대법원 2011.4.22. 자 2011마110 결정)

변호사 갑이 을과의 소송대리 위임계약에 따라 성공보수금 지급을 구하는 소를 제기한 사안에서, 성공보수금 지급채무가 민법 제467조 제2항 단서에서 의미하는 「영업에 관한 채무」라거나 혹은 갑의 변호사 사무소가 위 조항에서 의미하는 「영업소」라고 볼 수는 없고, 이때 을의 이행채무는 지참채무로서 갑의 주소지 관할법원에 관할권이 있다.

3) 재판적의 기준

민사소송법 제4조 제1항은 「법인 기타 社團(사단) 또는 財團(재단)의 普通裁判籍(보통재판적)은 그 주된 사무소 또는 영업소에 의하고…」 라고 규정하고 있는데, 이는 영업소가 상인의 재판적의 기준이 됨을 규정한 것으로 해석된다.[76)]

---

76) 따라서 상거래로 인한 소송을 제기하는 경우는 피고(상대방) 영업소 소재지 관할 법원에 소장을 접수하여야 한다.

4) 소송서류의 송달 장소

민사소송법 제170조 제1항은 「送達(송달)은 이를 받을 자의 주소, 거소, 영업소 또는 사무소에서 한다」고 규정하고 있다. 따라서 영업소는 소송서류의 송달장소로서의 기준으로서의 법적 효력을 가진다.

판례 (대법원 2003. 4. 25. 선고 2000다60197 판결)

법인인 소송당사자에게 법적효과가 발생할 소송행위는 그 법인을 대표하는 자연인의 행위이거나 그 자연인에 대한 행위이어야 할 것이므로 동 법인에게로 소장, 기일소환장 및 판결 등 서류는 그 대표자에게 송달하여야 하고, 그 송달은 법인 대표자의 주소, 거소, 영업소 또는 사무소에서 함이 원칙인데{구 민사소송법(2002. 1. 26. 법률 제6626호로 전문개정되기 전의 것) 제170조 제1항}, 여기에서 「영업소 또는 사무소」라 함은 당해 법인의 영업소 또는 사무소를 말한다고 보아야 하므로, 그 대표자가 겸임하고 있는 별도의 법인격을 가진 다른 법인의 영업소 또는 사무소는 그 대표자의 근무처에 불과하다.

따라서 사단법인 대한약사회에 대한 송달을 그 산하단체로서 독립된 비법인사단으로 볼 수 있는 사단법인 대한약사회 서울시지부 도봉·강북구 분회의 사무소로 한 경우 적법한 송달로 볼 수 없다.

5) 어음상의 권리행사 또는 보전의 장소

어음법은 支給地(지급지)의 기재가 없는 때에는 지급인의 주소지를 지급지로 보고(어음법 §2③), 어음의 所持人(소지인)은 만기일에 지급인의 주소에서 그 어음의 인수를 제시할 수 있다(어음법 §21)고 규정하고 있다. 따라서 상인의 주소지인 영업소는 어음상의 권리행사 및 보전의 장소로서의 효력을 가진다.

6) 표현지배인의 인정 근거 기준

진정한 지배인으로서의 권한, 즉 支配權(지배권)을 가지지 아니한 자가 영업주임의 명칭을 사용하는 경우 그를 진정한 지배인으로 믿고 거래한 선의의 제3자를 보호하기 위해 영업주임의 명칭을 사용한 자의 행위에 대한 법적 효력에 있어서 지배인의 권한을 인정하는 것이 「表見支配人(표현지배인)」인데, 이때 표현지배인을 인정하기 위해서는 영업주임의 명칭을 사용하고 그가 소속된 본·지점이 영업소로서의 실질을 갖추어야 한다(다수설의 입장).[77]

2. 지점에 대한 효력

1) 등기사항

본점소재지의 登記事項(등기사항)은 지점소재지에서도 등기하여야 하며(§35), 외국회사의 지점도 등기하여야 한다(§614②).

2) 지배인의 선임 단위

상인은 본점 또는 지점, 즉 영업소별로 지배인을 선임하여 영업을 하게 할 수 있다(§10, 13). 따라서 영업소는 지배인의 선임 단위로서의 효력을 가진다.

3) 영업양도의 단위

---

77) 지배인은 본점 또는 지점 단위로 선임할 수 있기 때문에 영업소는 지배인의 선임 단위의 기준이 된다(§10).

상인은 영업의 동일성이 유지되는 한 지점별로 영업을 분리하여 영업을 양도할 수 있다.

라 물적 설비로서 상호

Ⅰ. 상호란?

「商號(상호)」란 상인이 기업활동에 있어서 자기를 표시하기 위하여 사용하는 명칭으로서 문자로 표시되고 발음하여 호칭할 수 있는 것이어야 한다(§18). 따라서 기호, 도안 등은 일정한 의미를 표시할 수는 있어도 발음하여 호칭할 수 없기 때문에 상표로 사용할 수 있으나 상호로는 사용할 수 없다. 이러한 점에서 상호는 상품의 표시인 상표와 구분된다. 그러나 상호와 상표를 동일하게 사용하는 것은 무방하다.

상호와 상표의 차이점

	상호	상표
내용	상인의 호칭	상품의 표시
적용법규	상법	상표법
형태	문자로 표시되고 발음 가능	문자, 기호, 도안 등 제한 없음
보호형태	상호권 등기	상표권 등록
관할기관	법원(등기소)	특허청

Ⅱ. 상호의 선정

1. 상호선정에 관한 법적 기준(입법주의)

商號選定(상호선정)에 관한 立法主義(입법주의)는 상호자유주의, 상호진실주의, 절충주의가 있는데, 우리나라는 원칙적으로는 상호자유주의를 취하고 있기 때문에 상호를 선정하는 것은 상인의 자유로운 결정으로 정할 수 있으나 경우에 따라서는 상호선정에 대하여 일정한 제한을 가하고 있다.

1) 상호자유주의

상호의 선정에 대하여 법적으로 제한을 하지 않고 상인이 자유롭게 상호를 선정할 수 있도록 허용하는 입법 태도를 「商號自由主義(상호자유주의)」라 한다. 우리나라도 상호자유주의를 기본적 원칙으로 채택하고 있다(§18).

2) 상호진실주의

「商號眞實主義(상호진실주의)」란 상인은 영업의 실체와 일치하는 내용의 명칭만을 상호로 선정할 수 있도록 법이 상호선정에 관한 기준을 엄격하게 정한 원칙을 말한다. 프랑스가 상호진실주의를 채택하고 있다.[78]

3) 절충주의

「折衷主義(절충주의)」는 자유주의와 진실주의의 혼합형태로서 최초의 상호선정은 상호진실주의에 의해 영업의 실체와 일치하는 명칭만을 상호로 선정할 수 있도록 하고, 그 후 기존의 상호가 相續(상속) 또

---

78) 예컨대, 서울에 영업소를 두지 아니한 상인이 서울의 명칭을 상호로 사용할 수 없으며, 식품과 무관한 영업을 하는 기업이 식품에 관한 명칭을 상호로 사용할 수 없도록 법으로 정한 경우가 이에 해당한다.

는 讓渡(양도)에 의해 이전되는 경우는 상호자유주의를 인정하는 입법태도로서 독일법계에서 인정하고 있다.[79]

2. 상호자유주의와 그 제한

1) 상호자유주의 원칙

현행 상법은 「성명 기타의 명칭」으로써 자유로이 상호를 선정할 수 있게 하여 商號自由主義(상호자유주의)를 원칙으로 채택하고 있다(§18). 그러나 상법은 다음과 같은 경우에는 상호자유주의에 대한 제한을 가하고 있다.

2) 상호자유주의의 제한

(1) 회사상호의 강제 사용

상법 제19조에서는 회사의 상호는 그 종류에 따라 合名會社(합명회사), 合資會社(합자회사), 株式會社(주식회사), 有限會社(유한회사), 有限責任會社(유한책임회사) 중 하나의 명칭을 반드시 사용하여야 한다고 규정하고 있다.

이는 상인이 상호를 선정함에 있어 본인의 의사와 무관하게 회사의 명칭을 강제로 사용토록 함으로써 결국 회사의 명칭을 사용하지 않을 수 있는 자유를 제한하는 경우에 해당하게 된다.[80]

---

79) 예컨대, 식품사업을 목적으로 설립된 기업이 기존의 건설회사를 인수하여 건설회사의 상호를 사용할 수 있는 경우가 이에 해당한다.

80) 반대로 회사 아닌 자는 주식회사, 합명회사, 합자회사, 유한회사, 유한책임회사 등의 호칭을 사용할 수 없다.

(2) 회사상호의 부당사용 금지

회사 아닌 자는 합명회사, 합자회사, 주식회사, 유한회사, 유한책임회사 등의 회사상호를 부당하게 사용하여서는 아니 된다(§20). 일반적으로 회사는 일정 규모 이상의 자본을 확보하고 있으며, 사회통념 상 회사의 경제력은 비 회사에 비해 높게 평가하는 경우가 많은데 이러한 사회적 인식을 회사 아닌 자가 부당하게 악용하는 것을 방지하기 위해 회사 아닌 자의 부당한 회사상호 사용을 금지하는 것으로 해석된다.

이를 위반한 경우는 200만 원 이하의 過怠料處分(과태료처분)을 받을 수 있다(§28).

(3) 부정목적에 의한 사용제한

부정한 목적으로 타인의 영업이라고 오인시킬 수 있는 상호를 사용해서는 아니 된다(§23). 즉, 타인의 상호를 허락 없이 부정하게 영리의 목적으로 사용하거나 타인의 상호와 유사한 상호를 사용함으로써 고객을 혼동시켜 타인의 상품으로 오인케 할 수 있는 행위를 하여서는 아니된다.

이를 위반한 경우도 회사상호를 부당하게 사용한 경우와 같이 200만 원 이하의 과태료처분을 받을 수 있다.

(4) 명의대여자의 책임

타인에게 자기의 상호를 사용토록 허락하거나 묵인한 자, 즉 名義貸與者(명의대여자)는 그 상호를 사용한 거래에서 발생한 영업상의 채무에 관하여 그 상호를 사용한 타인과 연대하여 辨濟責任(변제책임)을 져야 한다(§24).[81]

---

81) 이러한 내용을 상법의 특성 중 「엄격주의」라고 한다.

이는 상거래의 안전을 도모하기 위해 상호대여자에게 엄격책임을 부담시키는 경우로서 앞에서 살펴본 상법의 특성 중 외관주의에 해당하는 것으로 해석된다.

(5) 부정경쟁방지및영업비밀보호에관한법률에 의한 제한

① 의의

국내에서 널리 인식된 타인의 성명 또는 상호와 동일하거나 유사한 것을 사용함으로써 영업상의 이익을 침해받을 우려가 있는 자는 그 사용의 금지 또는 예방을 청구할 수 있다(부정경쟁방지및영업비밀보호에관한법률 §2 제1호, §4①).

판례 (대법원 2011.12.22. 선고 2011다9822 판결)

한국교직원공제회가 대한교직원공제회주식회사를 상대로 상호사용 금지 등을 구한 사안에서, 「한국교직원공제회」 라는 명칭은 전국적으로 교직원들 사이에 알려져 있어 주지성이 인정되고, 「대한교직원공제회주식회사」 라는 상호는 「한국교직원공제회」 라는 명칭과 실질적으로 동일성이나 유사성이 인정되며, 한국교직원공제회가 자회사를 설립하여 상조사업을 시작할 무렵 대한교직원공제회 주식회사가 자신을 「교직원공제회」 로 표현하면서 상조사업을 하는 등 한국교직원공제회의 활동과 혼동을 초래하였음이 인정되므로, 「대한교직원공제회 주식회사」 라는 상호를 사용하는 행위가 부정경쟁방지 및 영업비밀보호에 관한법률 제2조 제1호 (나)목의 영업주체 혼동행위에 해당한다.

② 부정목적의 상호사용금지규정과의 관계

이는 상법에서 규정하고 있는 부정목적의 상호사용금지규정(§23)의 내용과 유사하나 부정경쟁방지및영업비밀보호에관한법률에 의해서는 3년 이하의 징역 또는 3,000만 원 이하의 벌금에 해당하는 형사처벌도 가능하도록 규정함으로써 부정하게 타인의 상호를 사용한 경우 보다 엄하게 처벌할 수 있도록 처벌을 강화했다는 점에서 구별된다 (부정경쟁방지및영업비밀보호에관한법률 §18① 제1호).

실무에서 부정한 목적으로 타인의 상호를 사용한 사건에 있어 피해자의 실익을 위해 상법보다 부정경쟁방지및영업비밀보호에관한 법률을 적용하는 것이 일반적이다.

3. 상호의 수

상호는 특정 기업의 개성과 동일성을 인식하는 표준이 되는 것이므로 혼동과 오인을 방지하기 위하여 단일의 영업에는 단일의 상호만이 인정되는 것이 원칙이다(§21①). 만약 하나의 영업에 대하여 다수의 상호를 사용하게 되면 상거래 상대방이나 고객들의 혼동을 야기할 수도 있고, 입찰의 경우 중복적으로 입찰에 응하게 되어 부당한 결과를 가져올 수 있기 때문에 이러한 폐단을 방지하기 위해 상법이 상호 단일의 원칙을 채용한 것으로 해석된다.

그러나 개인이 여러 개의 영업을 경영하는 경우에는 하나의 상호를 여러 개의 영업에 공통으로 사용할 수 있으며, 또한 영업별로 별도의 상호를 사용할 수도 있다.[82)]

---

82) 일반적으로 대기업이 사용하고 있는 상호의 방식이다.

4. 상호의 등기

상호는 회사의 설립에 있어서 絶對的 登記事項(절대적 등기사항)으로서 반드시 등기하도록 의무화되어 있다(§179 제2호, 180 제1호, 289 ① 제2호, 317② 제2호).

그러나 小商人(소상인)의 경우는 상호의 登記義務(등기의무)가 면책된다(§9). 상호의 등기는 타인의 동일 또는 유사상호사용을 제한하는 법적 효력이 있다.

판례 (대법원 2007.7.26. 자 2006마334 결정)

변호사가 변호사법 제40조에 의하여 그 직무를 조직적 · 전문적으로 행하기 위하여 설립한 법무법인은, 같은 법 제42조 제1호에 의하여 그 정관에 「상호」가 아닌 「명칭」을 기재하고, 같은 법 제43조 제2항 제1호에 의하여 그 설립등기 시 「상호」가 아닌 「명칭」을 등기하도록 되어 있으므로, 이러한 법무법인의 설립등기를 「상호」 등을 등기사항으로 하는 상법상 회사의 설립등기나 개인 상인의 상호등기와 동일시할 수 없다. 따라서 변호사가 상인이 아닌 이상 상호등기에 의하여 그 명칭을 보호할 필요가 있다고 볼 수 없으므로 등기관이 변호사의 상호등기신청을 각하한 처분은 적법하다.

Ⅲ. 상호권

1. 상호권이란?

「商號權(상호권)」은 상인이 적법하게 선정한 상호를 타인으로부터 방해를 받지 않고 사용・수익할 수 있는 권리를 말한다. 이러한 상호권은 상호권자 타인의 방해를 받지 않고 자신이 자유롭게 그 상호를 사용할 수 있는 商號使用權(상호사용권)과 타인의 부당한 상호권 침해를 배척하고 독점적으로 사용할 수 있는 商號專用權(상호전용권)으로 이루어져 있다.

2. 상호권의 법적 성질

상호권의 법적 성질에 관하여는 人格權說(인격권설), 財産權說(재산권설), 兼併說(겸병설) 등이 있으나 실제로 상호는 無體財産權(무체재산권)으로 인정받고 있으며, 이는 法人格(법인격)인 회사가 인격권적 성질을 가지므로써 인정되는 재산권이라는 점에서 겸병설이 타당하다고 보며, 현재 다수설의 입장이다.

3. 상호전용권

「商號專用權(상호전용권)」은 상호권에 대한 타인의 부당한 침해를 방지하기 위해 상법이 상호권자에게 인정하고 있는 권리로서 다음과 같은 내용으로 나타난다.

1) 상호사용폐지청구권

商號權者(상호권자)가 자기 상호를 부정하게 사용하는 자에 대하여 그 상호의 사용을 금지해 줄 것을 청구할 수 있는 권리를 「商號使用廢止請求權(상호사용폐지청구권)」이라 한다(§23①, ② 전단, 부정경쟁방지및영업비밀보호에관한법률 §4①).

상호를 부정하게 사용한다는 것은 타인이 정당한 사유 없이 상호권자의 영업으로 오인할 수 있는 상호, 즉 상호권자의 상호와 동일하거나 유사한 상호를 사용하는 것을 의미한다.

판례 (대법원 2004. 3. 26. 선고 2001다72081 판결)

상법 제22조는 「타인이 등기한 상호는 동일한 특별시 · 광역시 · 시 · 군에서 동종 영업의 상호로 등기하지 못한다」 고 규정하고 있는 바, 위 규정의 취지는 일정한 지역 범위 내에서 먼저 등기된 상호에 관한 일반 공중의 오인 · 혼동을 방지하여 이에 대한 신뢰를 보호함과 아울러, 상호를 먼저 등기한 자가 그 상호를 타인의 상호와 구별하고자 하는 이익을 보호하는 데 있고, 한편 비송사건절차법 제164조에서 「상호의 등기는 동일한 특별시 · 광역시 · 시 또는 군 내에서는 동일한 영업을 위하여 타인이 등기한 것과 확연히 구별할 수 있는 것이 아니면 이를 할 수 없다」 고 규정하여 먼저 등기된 상호가 상호등기에 관한 절차에서 갖는 효력에 관한 규정을 마련하고 있으므로, 상법 제22조의 규정은 동일한 특별시 · 광역시 · 시 또는 군 내에서는 동일한 영업을 위하여 타인이 등기한 상호 또는 확연히 구별할 수 없는 상호의 등기를 금지하는 효력과 함께 그와 같은 상호가 등기된 경우에는 선등기자가 후등기자를 상대로 그와 같은 등기의 말소를 소로써 청구할 수 있는 효력도 인정한 규정이라고 봄이 상당하다.

상법 제23조 제1항은 「누구든지 부정한 목적으로 타인의 영업으로 오인할 수 있는 상호를 사용하지 못한다」 고 규정하고 있고, 같은 조 제4항은 「동일한 특별시 · 광역시 · 시 · 군에서 동종 영업으로 타인이 등기한 상호를 사용하는 자는 부정한 목적으로 사용하는 것으로 추정한다」 고 규정하고 있는 바, 위 조항에 규정된 「부정한 목적」 이란 어느 명칭을 자기의 상호로 사용함으로써 일반인으로 하여금 자기의 영업을 그 명칭에 의하여 표시된 타인의 영업으로 오인시키려고 하는 의도를 말한다.

2) 등기말소청구권

상호권자는 자신이 적법절차에 따라 등기한 상호와 동일 또는 유사한 상호를 타인이 임의로 등기하여 자신의 영업으로 오인케 할 수 있는 상호의 등기에 대하여 그 말소를 청구할 수 있는데(§23②), 이를 「登記抹消請求權(등기말소청구권)」이라 한다.

판례 (대법원 2011.12.27. 선고 2010다20754 판결)

선등기자인 '동부주택건설 주식회사'가 후등기자인 '동부건설 주식회사', '주식회사 동부', '동부디엔씨 주식회사', '동부부산개발 유한회사'를 상대로 상법 제22조에 의한 상호등기말소청구소송을 제기하였는데, 원심 변론종결 전에 2009. 5. 28. 법률 제9749호로 개정된 상업등기법이 시행된 사안에서, 원심 변론종결 당시 상법 제22조에 의하여 선등기자가 후등기자를 상대로 상호 등기의 말소를 청구할 수 있는 효력 범위는 먼저 등기된 상호와 동일한 상호에 한정되는데, 먼저 등기한 상호인 '동부주택건설 주식회사'와 나중에 등기한 상호인 '동부건설 주식회사', '주식회사 동부', '동부디엔씨 주식회사', '동부부산개발 유한회사'가 동일하지 않음이 외관 · 호칭에서 명백하므로, 동부주택건설 주식회사에 상법 제22조의 등기말소청구권이 없다.

3) 손해배상청구권

타인이 상호권자의 商號權(상호권)을 침해하여 손해가 발생한 경우

그에 대한 손해배상을 청구할 수 있다(§23③).[83]

4) 신용회복청구권

타인이 자신의 상호권을 침해함으로써 경쟁력을 훼손하거나 거래상의 명예가 실추된 경우 상호권을 침해한 자에 대하여 사과광고 등의 적절한 조치를 요구할 수 있다 (부정경쟁방지법 §3②). 이를 「信用回復請求權(신용회복청구권)」이라 한다.

Ⅳ. 상호의 이전과 폐지

1. 상호의 이전

1) 상호의 이전사유

상호의 移轉(이전)은 상호의 讓渡(양도), 즉 상호권의 양도를 말하는 것으로서 상법은 영업을 폐지하거나 영업과 더불어 상호권의 양도를 한정적으로 인정하고 있다(§25①).

그러나 사실상 상속에 의해서도 상호의 이전은 가능하다(비송사건절차법 §167①).

판례 (대법원 1994.05.13. 선고 93다56183 판결)

갑이 식당을 경영하기 시작할 당시 식당의 영업과 함께 상호를 양도

83) 예컨대, 무명의 소규모 상인이 저급한 전자제품을 제조하여 삼성전자라는 상호를 사용하여 판매함으로서 삼성전자의 신용도를 실추시키고 그로 인해 삼성전자 제품의 판매가 부진하여 손해가 발생한 경우가 이에 해당한다.

받았다면, 영업목적을 위하여 조직화된 유기적 일체로서의 기능재산이 동일성을 유지하면서 일괄하여 이전하는 영업양도의 성질상 당연히 영업재산으로서의 식당의 소유권을 양도받았을 것이고, 따라서 갑의 지위를 승계하였다는 피신청인이 그 후 신청인으로부터 식당을 새삼스레 임차할 아무런 이유가 없었을 것이므로 피신청인이 신청인으로부터 식당을 임차한 사실에 비추어 갑이 식당 영업과 함께 상호를 양도받았다는 주장은 부당하다.

2) **영업의 폐지란**?

상법이 상호는 영업을 폐지하거나 영업과 함께 하는 경우에 한하여 양도를 인정하고 있어 영업과 분리하여 상호만 양도할 수 있는 것은 영업을 폐지한 경우에 한하여 인정되는데, 이는 양도인의 영업과 양수인의 영업과의 사이에 혼동을 일으키지 않고 또 폐업하는 상인이 상호를 재산적 가치로서 처분할 수 있도록 하기 위한 것이라는 점에 비추어 상법 제25조의 「영업의 폐지」라 함은 정식으로 영업폐지에 필요한 행정절차를 밟아 폐업하는 경우에 한하지 아니하고 사실상 폐업한 경우도 이에 해당하는 것으로 해석된다(대법원 1988. 1. 19. 선고 87다카1295 판결).

3) **상호 이전의 등기**

양도에 의한 상호의 이전을 제3자에게 대항하기 위해서는 등기하여야 한다(§25②). 따라서 상호를 양도하더라도 그에 대한 등기절차를 필하지 아니한 경우는 제3자에게 상호 이전에 대한 법적 효력을 주장할 수 없다. 그러나 당사자 간에는 상호이전에 관한 등기와 상관없이 효력을 주장할 수 있다고 해석된다.

2. 상호의 폐지 및 변경

1) 상호권자의 상호의 폐지 · 변경등기의무

등기한 상호를 폐지 또는 변경한 경우 상호권자는 상호의 폐지 또는 변경 내용을 등기하여야 한다(§40). 등기한 상호의 폐지등으로 일정한 상호가 사실상 사용되지 않거나 사용될 가능성이 없음에도 불구하고 그에 대한 등기상태가 유지되면 그 상호를 유용하게 사용할 수 있는 제3자의 기회가 사실상 박탈되는 결과가 되고, 이는 국가적으로도 낭비적인 효과를 가져 올 수 있기 때문에 입법을 통해 이러한 문제를 해결하고자 한 것으로 해석된다.

2) 상호 폐지의 看做(간주)

상호의 폐지에 관한 문제는 상법 제26조가 「상호를 등기한 자가 정당한 이유 없이 2년간 그 상호를 사용하지 않는 경우는 그 상호를 폐지한 것으로 본다」 고 규정하여 그 기준을 法定(법정)하고 있다(대법원 1970.9.17, 선고 70다1225, 70다1226 판결). 이때 상호의 사용은 사실상의 사용을 말하며 사업자등록과 같은 형식적인 요건을 요구하는 것은 아니다. 따라서 사업자등록 절차를 완료하기 이전에 광고를 한다든가 운영자금의 금융을 발생시키는 등의 보조적 상행위에서도 상호를 사용한 경우는 상호사용으로 인정된다.

3) 이해관계인의 말소청구권

실제에 있어서 상호권자는 상호의 폐지 또는 변경에 관한 등기의 필요성을 느끼지 못하고 있으므로 이에 대한 당사자의 등기를 기대할 수 없다. 따라서 상법은 상호권자가 폐지 또는 변경한 상호에 대하여 2주 이내에 관할등기소에 대하여 抹消登記(말소등기)를 신청하지 아니하면 그 상호의 이해관계자로 하여금 그 등기의 抹消請求權(말소청구권)을 행사할 수 있도록 인정하고 있다(§27).[84]

마 물적 설비로서 상업장부

Ⅰ. 개념

1. 상업장부란?

「商業帳簿(상업장부)」는 상인이 그의 영업상의 損益(손익)과 재산의 상태를 명백히 하기 위해서 商法上(상법상)의 의무로서 작성하는 장부를 말한다.

이러한 상업장부에는 會計帳簿(회계장부)와 貸借對照表(대차대조표)의 두 가지가 있다(§29①). 그러나 仲介人(중개인)의 일기장은 중개인의 수수료의 입출금관계가 명시된 경우에만 상업장부로 인정되고 그렇지 아니한 경우는 상업장부로 인정받지 못한다.

상업장부는 상인의 사적 재산상태를 파악하기 위해 일정한 내용을 기록하는 점에서는 私經濟的 意義(사경제적 의의)를 가진다고 할 수 있

84) 예컨대, 상호권자 갑이 영업을 폐지하고 2주가 지나도록 상호의 폐지에 관한 등기신청을 하지 않는 경우 갑이 사용하고 있던 상호와 동일 또는 유사상호를 필요로 하는 자는 갑을 상대로 갑이 등기한 상호에 대한 등기의 말소를 청구할 수 있다.

으며, 또한 허위로 작성된 상업장부에 의해 타인이 재산상의 손해를 입을 수 있고, 이러한 요소는 국민경제질서에 악영향을 미칠 수 있다는 점에서 國民經濟的 意義(국민경제적 의의)를 가진다고 할 수 있다.

따라서 상업장부는 그 내용에 있어서 객관성, 통일성 및 진실성 등이 요구되며, 상업장부의 작성에 대해서는 그 작성방법, 종류, 보존 등에 관한 원칙을 상법이 명문으로 규정하고 있다.

2. 상업장부에 관한 입법주의

1) 간섭주의

「干涉主義(간섭주의)」는 상업장부의 작성에 관한 방법 및 내용을 법으로 엄격히 규정하는 입법주의로서 「嚴格主義(엄격주의)」라고도 하는데, 간섭주의를 채택한 경우는 일반적으로 상업장부의 법적 증거능력을 인정하고 있다.[85] 스페인과 프랑스가 간섭주의를 채택하고 있다.

2) 방임주의

「放任主義(방임주의)」는 상업장부의 작성을 직접 법적으로 강제하지 않고 다만 영업상 필요한 장부를 비치하지 아니한 상인이 파산하는 경우 형벌을 가하는 방법으로 간접적으로 강제하는 입법태도로서 영미법계 국가의 입장이다.

---

85) 상업장부의 작성등에 관한 원칙을 법으로 엄격하게 정한 경우 법정 방식에 의해 작성된 상업장부는 비록 사적주체인 상인이 작성한 상업장부이지만 소송과정에서 그 장부상의 내용에 대하여 증거능력을 인정하게 된다.

3) 절충주의

「折衷主義(절충주의)」는 법적으로 상업장부의 작성의무에 대해서만 규정하고 구체적인 작성방법 및 내용에 관해서는 규정하지 아니한 중간적 입법태도를 말하며, 「緩和主義(완화주의)」라고 한다. 우리나라와 독일의 입법태도가 이에 해당한다.

II. 상업장부에 관한 의무

1. 상업장부의 작성의무

小商人(소상인)을 제외한 상인은 상업장부의 작성의무를 부담한다(§29①, 9). 상업장부의 작성에 대하여는 상법에 규정(§30)한 것을 제외하고는 일반적으로 公正妥當(공정타당)한 會計慣行(회계관행)에 의해 작성하여야 한다(§29②).

2. 상업장부의 제출의무

법원은 소송당사자의 신청에 의하거나 필요한 경우 직권으로 訴訟當事者(소송당사자)에게 상업장부 또는 그 일부분의 제출을 명할 수 있다(§32). 상업장부의 法的證據能力(법적증거능력)의 인정 여부는 법원의 자유심증에 의하여 결정되며, 법원의 제출명령이 있었다고 반드시 증거능력이 인정되는 것은 아니다. 일반인이 상업장부의 열람을 요구하기 위해서는 계약이나 특별법규에 의하여야 한다.

판례 (대법원 1996. 10. 17. 선고 94도2865 판결)

상업장부 · 항해일지 · 진료일지 · 금전출납부 등 사무 내역을 기재한 문서의 증거력 및 그 기재 내용 중 공소사실에 부합되는 부분 자체가 자백문서에 해당하는 것은 아니지만 피고인이 뇌물공여 혐의를 받기 전에 이와는 관계없이 준설공사에 필요한 각종 인 · 허가 등의 업무를 위임받아 이를 추진하는 과정에서 그 업무수행에 필요한 자금을 지출하면서, 스스로 그 지출한 자금내역을 자료로 남겨두기 위하여 뇌물자금과 기타 자금을 구별하지 아니하고 그 지출 일시, 금액, 상대방 등 내역을 그때그때 계속적, 기계적으로 기입한 수첩의 기재 내용은, 피고인이 자신의 범죄사실을 시인하는 자백이라고 볼 수 없으므로, 증거능력이 있는 한 피고인의 금전출납을 증명할 수 있는 별개의 증거라고 할 것인즉, 피고인의 검찰에서의 자백에 대한 보강증거가 될 수 있다.

3. 상업장부의 보존의무

1) 보존기간

상인은 10년간 상업장부와 기타 영업에 관한 중요한 서류를 보존하여야 하며, 전표 또는 이와 유사한 서류는 5년간 보존하여야 한다(§33①).[86] 보존기간의 起算點(기산점)은 장부의 폐쇄일, 즉 결산마감일이 된다(§33②).

상업장부의 보존기간을 법으로 규정한 것은 상거래로 인한 분쟁이

86) 민사상의 일반채권의 소멸시효는 10년으로 규정되어 있고, 일반적인 상사채권의 소멸시효는 5년으로 규정되어 있기 때문에 상업장부의 보존기간을 10년, 전표등의 서류는 5년으로 규정한 것으로 보이며, 과거에는 전표 또는 이와 유사한 서류의 보존기간도 10년으로 동일하게 규정되어 있었으나 전표등은 그 분량이 지나치게 과다하여 현실적으로 보관을 위한 공간 확보의 문제가 대두되어 5년으로 그 보존기간을 단축시켰다.

발생하는 경우 그 사실관계를 입증할 수 있는 증거자료로서 상업장부가 필요할 수 있기 때문인 것으로 해석된다.

2) **보존방법**

상업장부는 그 자체를 보존하여야 하며, 마이크로필름이나 기타의 전산정보처리조직에 의해서도 보존할 수 있다(§33③). 이는 컴퓨터 및 인터넷의 발달로 인한 업무편의를 위해 1995년 상법개정에서 새롭게 인정한 보존방법이다.

4. 상업장부에 관한 의무위반의 효과

상업장부의 작성, 제출 및 보존의무를 위반한 회사기업에 대하여 그 부정작성 또는 부실기재 등에 대한 책임자(업무집행사원, 이사, 감사, 청산인, 지배인)는 500만 원 이하의 과태료 처분을 받을 수 있으며(§635① 9호), 또한 회사 및 이해관계인(회사채권자, 주주 등)에 대해서는 그로 인한 손해배상책임도 부담한다(§399, 567).

상업장부에 관한 상인의 의무규정은 회사기업에 대해서만 적용되고 개인기업에 대하여는 이 규정이 적용되지 않는 불완전법규이다. 그러나 개인기업의 경우도 개인회생및파산에관한법률에 의한 형사처벌은 피할 수 없다(개인회생및파산에관한법률 §643① 3호, §650① 3호).

Ⅲ. 상업장부의 종류

상업장부에는 會計帳簿(회계장부), 貸借對照表(대차대조표), 財務諸

表(재무제표)[87]등이 있으나 재무제표는 주식회사와 유한회사에만 작성 의무가 부여된다(§447, 579).

1. 회계장부

1) **회계장부란?**

「회계장부」는 영업상의 거래 및 영업재산에 영향을 미치는 모든 상태를 기록하는 장부, 즉 영업재산의 증감을 가져오는 변동 상태를 기재하는 장부이다(§30①).

이러한 회계장부는 貸借對照表(대차대조표)의 작성기준이 되며, 회계장부에는 원장과 회계부기상의 일기장, 분개장, 전표 등이 있다.

2) 회계장부상의 기재사항

영업상의 재산 및 손익에 영향을 미칠 수 있는 모든 사항이 회계장부에 기재할 대상이 된다. 즉, 法律行爲(법률행위), 不法行爲(불법행위), 화재, 수재, 도난 등의 일체의 사실, 즉 영업재산상의 실질적 변동은 회계장부에 기재하여야 한다.

그러나 단순한 法律關係(법률관계)의 발생은 그 자체가 영업재산의 증감을 가져오는 것은 아니기 때문에 회계장부상의 기재 대상이 아니다.[88]

---

87) 재무제표에는 손익계산서, 이익잉여금처분계산서 또는 결손금처리계산서 등이 해당한다.

88) 예컨대, 회사의 재물을 도난당한 경우는 회계장부에 영업재산의 감소에 관한 내용을 기재하여야 하지만 단순하게 기계매입계약을 체결한 경우는 영업재산의 증감이 현실적으로 발생하지는 않았기 때문에 회계장부에 기재할 필요가 없다.

3) 회계장부의 기재방법

회계장부는 일반적으로 공정·타당한 회계관행에 따라 작성하면 되고, 기재방법에 대한 구체적인 제한은 없다(§29②). 그러나 法人稅法上(법인세법상) 납세의무 있는 법인은 複式簿記(복식부기)에 의한 기장이 의무화되어 있다(법인세법 §112).

4) 기재시기

상법 제29조 제2항에서 「상업장부의 작성에 관하여 이 법에 규정한 것을 제외하고는 일반적으로 공정·타당한 회계관행에 의한다」라고만 규정하고 있으며, 회계장부의 기재시기에 대한 구체적인 명문규정은 없다. 따라서 일기장의 성질이나 실제관행 등으로 보아 회계장부는 매일 지체 없이 기재하여야 하는 것으로 판단된다(다수의 견해).

2. 대차대조표

1) 대차대조표란?

「대차대조표」란 일정시기에 있어서의 기업의 총재산을 資産(자산), 負債(부채), 資本(자본) 등의 과목으로 나누어 기업재산의 정적 구성 상태를 일목요연하게 표시하는 개괄표이다.

이러한 대차대조표는 특정 시점에 있어서 상인의 재산 상태를 한눈에 볼 수 있도록 정리한 「財政一覽表(재정일람표)」라 할 수 있다.

회계장부가 상인의 영업재산의 변동에 관한 사항을 기재하는 동적 상태의 표현이라면 대차대조표는 정적 상태의 표현이라고 할 수 있다.

2) 대차대조표의 종류와 작성시기

(1) 통상대차대조표

「통상대차대조표」는 특정시기에 정기적으로 작성하는 대차대조표로서 기업의 경우는 그 기업의 성립시[89], 기업 이외의 경우는 개업시에 작성하는「 開業貸借對照表(개업대차대조표)」와 매년 1회씩 일정한 시기에 작성하는 「年度(期末)貸借對照表(년도(기말)대차대조표)」의 2종이 있으며, 이들을 합하여 通常貸借對照表(통상대차대조표)라 한다.

(2) 비상대차대조표

회사의 合併(합병), 淸算(청산), 資本減少(자본감소), 破産(파산) 등의 경우 그 당시의 영업재산 상태를 작성하는 대차대조표는 「非常貸借對照表(비상대차대조표)」 또는「特殊貸借對照表(특수대차대조표)」라 한다.

통상대차대조표는 정기적으로 작성하는 상업장부인데 반해, 비상대차대조표는 작성시기가 특정되어 있지 않고 필요한 때에 수시로 작성하는 대차대조표라는 점에서 구분되고, 내용상의 특별한 차이점은 없다.

3) 대차대조표의 작성 방식

대차대조표는 회계장부를 근거로 공정 · 타당한 회계관행에 따라 작성하여야 하며, 그 작성자[90]는 대차대조표에 기명날인 또는 서명하여

---

89) 기업은 설립등기에 의해 법인격을 취득하고 동시에 상인자격과 영업능력도 가지게 되며, 이때가 기업의 성립시가 된다.

야 한다(§30②).

대차대조표의 작성의무자가 대차대조표에 기재할 사항을 기재하지 아니하였거나 부실하게 기재한 경우는 500만원 이하의 과태료처분을 받을 수 있다(§635① 9호).

90) 대차대조표의 작성자는 개인기업의 경우는 영업주가 작성하면 되고, 회사기업의 경우는 업무집행사원, 대표이사, 유한회사의 이사 등이 된다.

제4장 상업등기

가 상업등기란?

「商業登記(상업등기)」란 상거래의 안전을 도모하기 위해 일정한 절차에 따라 상법이 정하는 사항을 당사자의 신청에 의하여 영업소의 소재지 관할 법원의 商業登記簿(상업등기부)에 기재하는 것 또는 기재된 내용을 말한다(§34).

상업등기부는 과거에는 서면으로 작성·편철하여 보관해 왔으나 현재는 컴퓨터기술의 발달로 전산정보처리조직에 의해 처리하도록 하고(상업등기법 §6), 등기부는 영구보존하도록 하고 있다.

나 상업등기의 종류

상업등기부에는 상호, 支配人(지배인), 미성년자, 法定代理人(법정대리인), 주식회사, 합명회사, 합자회사, 유한회사, 유한책임회사, 외국인회사 등 10종의 등기부가 있으며, 부동산등기, 선박등기(§743, 선박법 §8), 상호보험회사등기(보험업법 §47, 48), 협동조합등기(농협법 §87,

수협법 §84) 등은 상업등기가 아니다[91].

다 등기사항

「登記事項(등기사항)」은 등기부에 기재되는 내용으로서 다음과 같이 분류될 수 있다.

Ⅰ. 주체에 따른 분류

1. 상인 일반에 공통되는 사항

모든 상인에게 일반적으로 적용되는 등기사항으로서는 상호, 지배인 등이 있다. 따라서 모든 상인은 상호와 지배인에 대하여 등기하여야 제3자에게 대항할 수 있다.

그러나 소상인의 경우는 상호 및 지배인에 관한 등기의 예외가 인정되기 때문에 반드시 등기하여야 하는 것은 아니다(§9).

2. 개인기업에 관한 사항

개인기업에 관한 등기사항으로서는 미성년자, 법정대리인에 의한 영업 등이 있다. 무능력자의 영업은 법정대리인의 허락이 있거나 법정대

---

91) 등기에는 「부동산등기」와 「상업등기」가 있는데, 여기서는 상업등기에 관한 내용만 기술한다. 「부동산등기」는 부동산의 내용 및 권리관계를 공시하는 방법이다.

리인의 대리에 의해서 이루어지기 때문에 대리관계를 명확히 하기 위해서는 등기로써 공시할 필요가 있다.[92)]

3. 회사에 관한 사항

회사에만 특유한 등기사항으로는 회사의 설립, 解散(해산), 清算(청산) 등에 관한 사항이 있다.

II. 등기의무의 유무에 따른 분류

1. 절대적 등기사항

「절대적 등기사항」이란 반드시 등기하도록 법률규정에 의해 의무화되어 있는 등기사항을 말하는데, 상호, 지배인, 미성년자, 법정대리인에 의한 영업, 영업소, 주식에 관한 사항 등과 같이 상법이 정하는 대부분의 등기사항이 여기에 해당한다.

2. 상대적 등기사항

「상대적 등기사항」이란 개인기업의 상호와 같이 상법상 등기가 의무화되어 있는 것은 아니지만 등기하면 등기한 내용대로 법적인 보호를 받을 수 있는 사항을 말한다.

그러나 상대적 등기사항이라 하더라도 일단 등기를 한 경우에는 그

---

92) 만약 법정대리관계가 불분명한 경우는 책임 소재가 분명치 않아 자칫 무능력자와 거래한 상대방이 손해를 입을 수 있기 때문에 거래의 안전도모를 위해 법정대리관계의 등기는 필요한 것으로 해석된다.

이후에 등기된 내용이 변경되거나 소멸되는 등 등기사항에 변동이 발생하게 되면 지체없이 그 변동에 관한 등기를 하여야 한다(§40).

3. 법적 효과의 차이에 따른 분류

1) 설정적 등기사항

「설정적 등기사항」이란 등기에 의해 새로운 법률관계가 설정되는 법률효과가 발생하는 사항으로서 지배인의 선임등기, 회사의 설립등기 등이 이에 해당한다.[93]

2) 면책적 등기사항

「免責的(면책적) 등기사항」은 등기에 의해 일정한 법률관계가 해소되거나 법적 의무가 면책되는 사항으로서 지배인의 해임등기, 사원의 퇴사등기 등이 이에 해당한다.[94]

4. 기타

위에서 살펴본 등기사항 이외에도 지점소재지의 등기사항(§35), 변경 및 소멸등기사항(§40) 등이 있다.[95]

---

93) 지배인의 지배권은 등기함으로써 제3자에 대한 대항력이 발생하고, 회사는 설립등기에 의해 법인격과 행위능력을 취득하고 주권을 발행할 수 있는 자격을 가진다.

94) 지배인의 지배권은 해임등기에 의해 소멸하며, 사원은 퇴사등기에 의해 회사에 대한 책임을 면하게 된다.

95) 상법 제35조는 「본점의 소재지에서 등기할 사항은 다른 규정이 없으면 지점의 소재지에서도 등기하여야 한다」고 규정하고, 상법 제40조는 「등기한 사항에 변경이 있거나 그 사항이 소멸한 때에는 당사자는 지체없이 변경 또는 소멸의 등기를 하여야 한다」고 규정하여 등기사항에 관하여 법정하고 있다.

라 등기의무의 위반

절대적 등기사항, 즉 의무적 등기사항에 관한 등기를 해태한 경우는 선의의 제3자에게 대항할 수 없을 뿐이고 다른 특별한 제재는 없지만, 회사의 경우는 등기의무 해태로 인한 과태료처분을 받을 수 있다. 과태료는 등기의무자에게 부과되는데, 회사의 대표이사가 등기의무자가 되기 때문에 회사의 등기의무 해태에 관한 과태료는 대표이사에게 부과된다.

판례 (대법원 2009.04.23. 자 2009마120 결정)

회사의 등기사항에 변경이 있는 때에는 본점소재지에서는 2주간 내, 지점소재지에서는 3주간 내에 변경등기를 하여야 하는바(상법 제183조), 본점소재지와 지점소재지의 관할 등기소가 동일하지 아니한 때에는 그 등기도 각각 신청하여야 하는 것이므로, 그 등기 해태에 따른 과태료도 본점소재지와 지점소재지의 등기 해태에 따라 각각 부과되는 것이다. 회사의 등기는 법령에 다른 규정이 있는 경우를 제외하고는 그 대표자가 신청 의무를 부담하므로(상업등기법 제17조), 회사의 등기를 해태한 때에는 등기 해태 당시 회사의 대표자가 과태료 부과 대상자가 되고, 등기 해태 기간이 지속되는 중에 대표자의 지위를 상실한 경우에는 대표자의 지위에 있으면서 등기를 해태한 기간에 대하여만 과태료 책임을 부담한다.

마 등기절차

Ⅰ. 등기의 개시

登記節次(등기절차)는 당사자의 신청에 의해 개시되는 것이 원칙이나(§34), 해산명령, 설립무효 및 취소판결의 확정 등의 경우는 法院(법원)의 囑託(촉탁)에 의해서도 등기절차가 개시될 수 있으며,[96] 또한 등기공무원의 직권에 의해서도 개시될 수 있다.[97] 아래에서는 당사자의 등기신청에 의한 등기절차에 대해서만 살펴본다.

Ⅱ. 등기신청에 대한 접수 및 심사

등기공무원은 신청당사자로부터 등기신청을 접수받아 심사절차를 거쳐 그 신청이 상법 또는 非訟事件節次法(비송사건절차법)의 규정에 적합치 않은 경우는 이유를 붙인 결정의 형태로 각하하여야 한다(비송사건절차법 §204).[98]

---

96) 기업이 마약 제조 등 불법행위를 영업으로 하다가 법원으로부터 해산명령을 받은 경우 당해 기업은 자기 스스로 해산등기에 관한 필요성을 전혀 느끼지 못하기 때문에 등기의 신청을 하지 않게 되는데, 이러한 경우 그 내용을 알지 못하는 선의의 제3자가 그 기업과 거래하여 피해를 입을 수 있다. 따라서 이러한 경우는 해산명령을 내린 법원이 관할 등기소에 그에 대한 등기절차의 이행을 요구할 수 있다.

97) 무효인 등기사항을 등기공무원이 발견한 경우 직권으로 말소등기절차를 밟을 수 있다.

98) 일반적으로 법적인 사건은 소송사건과 비송사건으로 구분하는데, 당사자의 변론절차를 거쳐 판결의 형태로 결론을 내리는 경우는 「소송사건」이라 하고, 당사자의 변론절

1. 형식적 심사주의

「형식적 심사주의」는 등기신청에 관한 登記管轄權(등기관할권), 신청당사자 및 대리인의 자격, 신청서류 등의 적법성을 등기공무원이 서면에 의해 형식적으로 심사할 수 있는 권한(심사권)만 인정되는 경우를 말한다.

이 원칙에 의하면 등기공무원이 현장에 나가 사실관계에 대한 조사절차가 생략되기 때문에 등기 비용이 저렴하고 절차가 신속하게 처리될 수 있다는 장점은 있으나, 사실관계에 대한 정확한 조사절차가 생략됨에 따라 사건의 내용에 관한 진위 여부의 확인이 되지 않기 때문에 진정한 권리자의 권리보호 및 거래의 안전을 해칠 우려가 있다.

2. 실질적 심사주의

등기신청에 관한 내용을 서면에 의한 형식적 심사뿐만 아니라 실질적으로 사실관계에 대한 심사까지 할 수 있는 권한이 등기공무원에게 부여된 경우를 「실질심사주의」라 한다.

이 원칙에 의하면 거래의 안전과 진정한 권리자가 보호될 수 있다는 장점은 있으나, 심사절차가 복잡하여 심사시간과 비용이 많이 소요된다는 단점이 있다.

3. 수정실질적 심사주의

차를 거치지 않고 서류심사만을 거쳐 결정의 형태로 결론을 내리는 경우는 「비송사건」이라고 한다. 일반적인 손해배상사건이나 계약관련 사건 등은 소송사건에 해당하고, 압류, 가압류, 부동산등기신청 등에 관한 사건은 비송사건에 해당한다. 여기서 「변론」이란 사건당사자가 법관에게 자신의 주장을 밝히는 과정을 말한다.

원칙적으로는 형식적 심사주의에 의하고, 등기공무원이 의심이 가는 경우는 실질적인 심사도 할 수 있는 권한을 등기공무원에게 인정하고 있는 경우를 「수정실질적 심사주의」라 한다.

이 원칙은 형식적 심사주의와 실질적 심사주의의 단점을 보완한 것으로서 현행 비송사건절차법 제11조 「법원은 직권으로 사실의 탐지와 필요하다고 인정하는 증거의 조사를 하여야 한다」의 내용으로 미루어 보아 법원공무원인 등기공무원에게도 등기사무의 공정·타당한 처리를 위해 실질적 심사의무가 주어진 것으로 볼 수 있다. 이렇게 볼 때 우리나라의 등기 심사에 대해서는 수정실질적 심사주의를 채택한 것으로 해석된다.

판례 (대법원 2008.12.15. 자 2007마1154 결정)

원칙적으로 등기공무원은 등기신청에 대하여 실체법상의 권리관계와 일치하는지 여부를 심사할 실질적 심사권한은 없고 오직 신청서 및 그 첨부서류와 등기부에 의하여 등기요건에 합당하는지 여부를 심사할 형식적 심사권한밖에는 없다. 따라서 등기관이 구 비송사건절차법(2007. 7. 27. 법률 제8569호로 개정되기 전의 것) 제159조 제10호에 의하여 등기할 사항에 관하여 무효 또는 취소의 원인이 있는지 여부를 심사할 권한이 있다고 하여도 그 심사방법에 있어서는 등기부 및 신청서와 법령에서 그 등기의 신청에 관하여 요구하는 각종 첨부서류만에 의하여 그 가운데 나타난 사실관계를 기초로 판단하여야 하고, 그 밖에 다른 서면의 제출을 받거나 그 외의 방법에 의해 사실관계의 진부를 조사할 수는 없다.

Ⅲ. 처분

등기신청에 대한 등기공무원의 처리행위를 「처분」이라 하는데, 등기공무원이 당사자의 등기신청을 심사한 결과 그 신청이 적법하게 이루어진 경우는 해당 등기부 상에 신청 내용을 기재하여야 하며, 그 신청이 부적법한 경우는 각하하여야 한다.

등기공무원이 등기부에 일정한 등기신청내용을 기재하는 것을 「등기의 實行(실행)」 또는「 移記(이기)」라 한다. 이러한 등기의 실행은 전산정보처리수단에 의해서도 가능하다(§34의 2).

바 등기의 효력

Ⅰ. 효력발생시기

등기의 효력은 신청당사자의 등기 신청이 있었더라도 그 내용이 등기부에 기재되지 아니하면 발생하지 않고 등기부에 기재되는 순간부터 효력이 발생한다. 이는 행정공무원에게 사람의 출생 또는 혼인에 관한 신고를 하면 그 내용이 가족관계등록부에 기재되지 않더라도 공무원이 신고를 접수한 시점부터 법적 효력이 발생하는 경우와 대조된다.

등기관은 접수번호의 순서에 따라 등기를 하여야 하지만 동일한 등기사항에 관하여 양립할 수 없는 내용의 등기신청이 순차로 접수된 경우 후순위로 접수된 등기신청에 관하여 먼저 등기를 하였다 하더라도 일단 그 등기는 무효판결이 있기 전까지는 유효하다.

따라서 등기를 신청한 경우는 그 결과에 대하여 반드시 확인해 볼 필요가 있다.[99]

판례 (대법원 2008.12.15. 자 2007마1154 결정)

등기공무원이 일단 등기신청인의 등기신청을 받아들여 그 등기절차를 완료한 적극적인 처분을 하였을 때에는 비록 그 처분이 부당한 것이었다 하더라도 구 비송사건절차법(2007. 7. 27. 법률 제8569호로 개정되기 전의 것) 제234조 제1항 각 호에 해당하지 아니하는 한, 소송으로 그 등기의 효력을 다투는 것은 별론으로 하고, 같은 법 제239조에 의한 이의의 방법으로는 그 말소를 구할 수 없다.

구 비송사건절차법(2007. 7. 27. 법률 제8569호로 개정되기 전의 것) 제234조 제1항 제2호가 정하는 '등기된 사항에 관하여 무효의 원인이 있는 때'라 함은 등기신청 당시 제출된 자료만으로도 등기된 사항에 관하여 무효의 원인이 있음이 외형상 명백히 밝혀진 때를 말한다.

구 비송사건절차법(2007. 7. 27. 법률 제8569호로 개정되기 전의 것) 제158조에 의하면 등기관은 접수번호의 순서에 따라 등기를 하여야 하므로, 동일한 등기사항에 관하여 양립할 수 없는 내용의 등기신청이 순차로 접수된 경우 먼저 접수된 등기신청에 같은 법 제159조 각 호의 사유가 없는 이상 선행 등기신청에 따라 등기를 실행한 후 나중에 접수된 등기신청은 "사건이 그 등기소에 이미 등기되어 있는 때"에 해당한다고 보아 같은 법 제159조 제3호에 따라 그 신청을 각하하여야 한다.

II. 일반적 효력

99) 일반적으로 법무사나 변호사에게 등기신청을 의뢰하면 등기절차가 완료된 후 당사자에게 등기부등본을 전달하여 정상적으로 등기절차가 완료되었음을 확인토록 하는데, 경우에 따라서는 등기신청 후 특정 사유에 의해 정상적으로 등기가 경료되지 않는 경우도 있다. 따라서 등기사건을 의뢰한 경우는 반드시 그 결과에 대한 확인 절차가 필요하다.

1. 등기 전의 효력

등기해야 할 사항을 등기하기 전에는 선의의 제3자에 대항하지 못한다(§37①).[100] 즉, 등기사항에 속하는 상호를 등기하기 전에는 타인이 자신의 상호와 동일 또는 유사한 상호를 사용하더라도 그에 대한 사용금지 또는 폐기청구를 할 수 없다.

2. 등기 후의 효력

일정한 내용에 대하여 등기를 필한 후에는 선의의 제3자에 대하여도 대항할 수 있다.[101] 그러나 제3자가 천재지변, 교통통신의 두절 등의 정당한 사유로 그 등기사실을 알지 못한 경우는 대항하지 못한다(§37②).

3. 적용범위

등기의 일반적 효력은 일반적인 거래관계, 즉 본점 및 지점소재지를 중심으로 한 거래관계와 소송관계에 대해서만 적용되고, 불법행위나 不當利得(부당이득) 등에는 적용되지 않는다. 예컨대, 해임된 지배인이 해임등기를 하기 전에 사기행각을 한 경우는 불법행위에 해당하므로 등기의 일반적 효력이 적용되지 않는다.

---

100) 앞에서 살펴본 바와 같이 지배인을 해임하고 해임등기를 하지 않고 있는 사이 해임된 지배인이 기존의 거래처로부터 수금을 하여 탕진한 경우 낭패를 볼 수가 있다.

101) 예컨대, 채권회사의 지배인 갑이 해임되고 그에 대한 등기가 완료되었으나 그러한 사실을 알지 못하는 채무회사가 해임된 갑에게 채무를 변제한 경우 채권회사는 채무회사에 대하여 채권행사를 할 수 있다. 즉, 채무회사가 해임된 갑에게 변제하였다는 이유로 채권회사에 대항할 수 없고 그와 별도로 채권회사에게 채무를 변제하여야 한다.

Ⅲ. 특수한 효력

1. 창설적 효력

일정한 등기사항을 등기하면 새로운 법률관계가 창설되는 효력이 발생하는 경우가 있는데, 이를 「등기의 創設的 效力(창설적 효력)」이라 한다. 즉, 회사의 설립, 합병, 지배인의 선임 등에 관한 등기를 하면 그로 인해 새로운 권리·의무가 발생하게 된다.[102)]

2. 보완적 효력

상업등기는 기존의 瑕疵(하자)를 치유하는 효력을 가지는데, 이를 「등기의 補完的(보완적) 효력」이라 한다.

예컨대, 회사의 설립과정에 일정한 하자가 존재하는 경우라도 일단 설립등기절차를 거치면 그 회사는 일단 법인으로 설립되기 때문에 그 회사의 설립무효 또는 취소소송이 제기되더라도 확정판결이 있기 전까지 그 회사가 당사자로서 형성된 법률관계는 유효하게 인정되어 선의의 제3자가 보호될 수 있다(§189, 190).[103)] 만약 보완적 효력이 인정되지 않아 회사의 설립무효등으로 그 회사의 기 이행된 법률행위가 설립당시로 소급하여 무효로 인정된다면 그 회사와 거래한 상대방인 선의의 제3자는 예기치 못한 피해를 입을 수 있고, 따라서 회사와의 거래는 사회적 기피대상이 되어 신속한 상거래를 저해하는 원인이 될 수 있다.

---

102) 회사는 설립등기를 마치게 되면 새로운 권리·의무의 주체의 자격이 발생하고, 지배인의 선임등기에 의해 지배인에게 지배권과 경업금지의무가 발생하게 된다.

103) 회사의 설립무효를 다투는 경우로서는 설립과정에서 허위의 문서를 사용하거나 타인의 의사에 반하여 임원이나 주주로 등재하는 경우가 있다.

3. 부수적 효력

「등기의 附隨的(부수적) 효력」이란 일정한 내용을 등기함으로써 어떤 행위가 허용되거나 면책되는 효력으로서 주식회사가 설립등기를 필함으로써 주식을 발행할 수 있도록 허용되는 경우나 외국회사의 영업소설치등기에 의해 국내영업이 허용되는 경우 및 사원의 퇴사등기 후 2년이 경과되면 회사채무에 대한 책임이 면책되는 경우 등이 좋은 예다.

Ⅳ. 등기의 공신력

1. 공신력이란?

등기의 내용에 대한 진위 여부와 상관없이 그 등기의 내용대로 법적 효력을 인정하는 경우는 등기의 公信力(공신력)을 인정하는 경우라 하고, 일정한 내용이 등기되어 있더라도 그 내용이 진정한 것이 아니라면 그 등기내용을 법적으로 보호해 주지 않는 경우는 등기의 공신력을 인정하지 않는 경우라고 한다.

일반적으로 등기심사에 있어서 실질적 심사주의를 취하는 국가는 등기의 공신력을 인정하고, 형식적 심사주의를 취하는 국가에서는 공신력을 인정하지 않고 있다.

2. 등기의 공신력에 대한 원칙

우리나라는 등기신청에 대하여 형식적 심사주의를 원칙으로 채택하고 의심이 가는 경우에만 실질심사를 할 수 있도록 하고 있기 때문에 등기의 공신력은 인정되지 않는다.

따라서 등기상의 내용에 관한 진위여부에 대한 확인은 당사자의 몫이 되기 때문에 등기상의 내용을 맹신하여서는 아니되고, 등기상의 내용이 진실인지 아닌지에 대한 철저한 확인절차가 필요하다.

판례 (대법원 1996. 10. 29. 선고 96다19321 판결)

회사등기에는 공신력이 인정되지 아니하므로, 합자회사의 사원 지분등기가 불실등기인 경우 그 불실등기를 믿고 합자회사 사원의 지분을 양수하였다 하여 그 지분을 양수한 것으로는 될 수 없다. 합자회사의 무한책임사원으로 갑이 등재되어 있는 상태에서 총사원의 동의로 을을 무한책임사원으로 가입시키기로 합의하였으나 그에 관한 변경등기가 이루어지기 전에 갑이 등기부상의 총사원의 동의를 얻어 제3자에게 자신의 지분 및 회사를 양도하고 사원 및 지분 변경등기까지 마친 경우, 구 상법(1995. 11. 30. 법률 제5053호로 개정되기 전의 것) 제37조 제1항에 의하면 등기할 사항은 등기와 공고 후가 아니면 선의의 제3자에게 대항하지 못하므로, 총사원의 동의로 을이 무한책임사원으로서의 지위를 취득하였다고 하더라도 그에 관한 등기가 마쳐지기 전에는 등기 당사자인 회사나 을로서는 선의의 제3자에게 을이 무한책임사원이라는 사실을 주장할 수 없으므로, 만약 제3자가 갑만이 유일한 무한책임사원이라고 믿은 데 대하여 선의라면, 회사나 을로서는 제3자가 을의 동의를 받지 아니하였음을 주장하여 그 지분양도계약이 효력이 없다고 주장할 수 없다.

3. 등기의 공신력에 대한 예외

故意(고의) 또는 過失(과실)로 사실과 다른 내용의 등기를 한 경우는 선의의 제3자에게 대항하지 못한다(§39).

즉, 고의로 사실과 다른 내용을 등기한 경우는 등기의 내용대로 법적 효력이 발생하며, 그 내용을 믿고 행위한 자에 대하여 등기의 내용과 사실관계가 다르다는 이유로 대항할 수 없다.

고의로 허위의 사실을 공문서에 해당하는 등기부에 기재토록하는 것은 불법행위에 해당하며, 이러한 불법행위까지 법적으로 보호할 필요가 없기 때문에 고의에 의한 허위사실 등기에 대하여는 당연히 그 행위자가 불이익을 담당하도록 하고 선의의 제3자를 보호하는 것이 합리적이고 정당하기 때문이다.

제5장 영업양도

가 영업양도란?

영리적 목적을 실현하기 위해 영업의 동일성을 유지하면서 기업을 타인에게 이전하여 소유와 경영의 법적 관계에 변동을 가하는 債權契約(채권계약)을 「營業讓渡(영업양도)」라 한다.

여기서 「영업」이란 일정한 영업목적에 의하여 조직화된 유기적 일체로서의 기능적 재산을 말한다.

판례 (대법원 2012.07.26. 선고 2012다27377 판결)

상법 제42조 제1항의 영업이란 일정한 영업목적에 의하여 조직화된 유기적 일체로서의 기능적 재산을 말하고, 여기서 말하는 유기적 일체로서의 기능적 재산이란 영업을 구성하는 유형 · 무형의 재산과 경제적 가치를 갖는 사실관계가 서로 유기적으로 결합하여 수익의 원천으로 기능한다는 것과 이와 같이 유기적으로 결합한 수익의 원천으로서의 기능적 재산이 마치 하나의 재화와 같이 거래의 객체가 된다는 것을 뜻하는 것이므로, 영업양도가 있다고 볼 수 있는지의 여부는 양수인이 유기적으로 조직화된 수익의 원천으로서의 기능적 재산을 이전받아 양도인이 하던 것과 같은 영업적 활동을 계속하고 있다고 볼 수 있는지의 여부에

따라 판단되어야 한다

따라서 영업양도는 상인의 인적·물적 조직의 동일성을 유지하면서 일체로서 이전하는 것이기 때문에 영업 일부만의 양도도 가능하다.[104)]

영업양도가 이루어진 경우에는 원칙적으로 해당 근로자들의 근로관계는 양수기업에 포괄적으로 승계되는 것이 원칙이지만 근로관계의 승계에 있어서 근로자 당사자의 의사가 가장 중요하기 때문에 근로자가 반대 의사를 표시함으로써 양수기업에 승계되지 않고 양도기업에 잔류하거나 양도기업과 양수기업 모두에서 퇴직할 수도 있다.

판례 (대법원 2012.5.10. 선고 2011다45217 판결)

영업의 양도란 일정한 영업목적에 의하여 조직화된 업체 즉, 인적·물적 조직을 동일성은 유지하면서 일체로서 이전하는 것이어서 영업 일부만의 양도도 가능하고, 이러한 영업양도가 이루어진 경우에는 원칙적으로 해당 근로자들의 근로관계가 양수하는 기업에 포괄적으로 승계되지만 근로자가 반대 의사를 표시함으로써 양수기업에 승계되는 대신 양도기업에 잔류하거나 양도기업과 양수기업 모두에서 퇴직할 수도 있다. 또한 이와 같은 경우 근로자가 자의에 의하여 계속근로관계를 단절할 의사로 양도기업에서 퇴직하고 양수기업에 새로이 입사할 수도 있다. 이때 근로관계 승계에 반대하는 의사는 근로자가 영업양도가 이루어진 사실을 안 날부터 상당한 기간 내에 양도기업 또는 양수기업에 표시하

---

104) 대법원 판례(대법원 2012. 5. 10. 선고 2011다45217 판결, 대법원 1994. 11. 18. 선고, 93다18938판결)와 다수설은 영업의 일부양도를 인정하고 있으나 상법총칙상의 영업양도에 관한 규정들은 일부양도의 경우에 적용하기 부적당하다는 견해도 있다. 자세한 것은 이상수, 앞의 책, 89쪽 참조.

여야 한다.

따라서 갑 병원을 운영하던 을 학교법인이 병 의료법인을 새로 설립하여 갑 병원 영업을 양도하면서 갑 병원 근로자들에게 그 사실을 고지하지 않았는데, 나중에 영업양도 사실을 알게 된 정 등 갑 병원 근로자 일부가 을 법인을 상대로 퇴직금 지급을 구한 사안에서, 제반 사정에 비추어 을 법인과 병 법인 사이에 정 등에 대한 근로관계 승계가 이루어지지 않았고 을 법인과 정 등의 근로관계도 종료되었으므로, 을 법인은 정 등에게 퇴직금을 지급할 의무가 있다.

나 영업양도와 구분해야 할 개념

Ⅰ. 영업양도와 영업임대차

영업양도의 경우는 영업재산의 소유권이 양도인으로부터 양수인에게로 이전하고 그에 대한 대가가 발생하지만 영업의 賃貸借(임대차)는 영업재산의 소유권은 賃貸人(임대인)에게 계속 유지되면서 영업으로 인한 이익만 賃借人(임차인)에게 귀속될 뿐 영업재산의 소유권에 관한 변동은 발생하지 않는다.

영업양도와 영업임대차의 차이점

구 분	영업양도	영업임대차
당사자	양도인·양수인	임대인·임차인
대가	매매대금	임차료
영업재산의 소유권 변동	양수인에게 이전	임대인에게 유지

II. 영업양도와 경영위임

「經營委任(경영위임)」은 영업주가 타인에게 경영에 관한 권한을 위임하는 형태로서 영업재산의 소유권과 영업으로 인한 이익이 모두 委任人(위임인)인 영업주에게 귀속되고 수임인에게는 약정에 따라 일정한 보수만 지급하면 되기 때문에 受任人(수임인)과의 관계에는 단순한 代理關係(대리관계)만 존재할 뿐이다. 따라서 영업양도의 경우는 영업재산의 소유권관계가 변경되는데 비해 경영위임의 경우는 영업재산의 변동이 발생하지 않는다.

영업양도와 경영위임

구 분	영업양도	경영위임
당사자	양도인·양수인	위임인·수임인
대가	매매대금	약정보수
영업재산의 소유권 변동	양수인에게 이전	위임인에게 유지

다 영업양도의 자유와 제한

I. 영업양도에 관한 원칙

상인은 영업소를 단위로 영업의 일부 또는 전부를 자유로이 양도할 수 있는 것이 원칙이다. 따라서 영업재산의 일부분만 양도하는 경우는 영업양도에 해당하지 않고 단순한 영업재산 일부의 양도에 해당한다.

판례 (대법원 2011.9.8. 선고 2009다24866 판결)

피고 을이 갑으로부터 사업시행권 등을 이전받으면서 갑이 가진 기존의 영업망 등 무형자산 및 건물에 관한 건축주 명의 외에 갑의 영업소 등 기타 유형자산이나 인적 조직을 일체로서 양수하지 아니한 경우 일반적인 영업양도에 관한 법리에 비추어 볼 때 피고 을이 갑으로부터 이 사건 사업시행권을 인수한 것만으로 종래의 갑의 영업조직을 동일성을 가지고 양수한 것이라고 할 수 없으므로, 영업양도가 이루어진 것이라고 볼 수 없다.

판례 (대법원 2003. 5. 30. 선고 2002다23826 판결)

영업양도가 이루어졌는가의 여부는 단지 어떠한 영업재산이 어느 정도로 이전되어 있는가에 의하여 결정되어야 하는 것이 아니고, 거기에 종래의 영업조직이 유지되어 그 조직이 전부 또는 중요한 일부로서 기능할 수 있는가에 의하여 결정되어야 하므로 영업재산의 일부를 유보한 채 영업시설을 양도했어도 그 양도한 부분만으로도 종래의 조직이 유지되어 있다고 사회관념상 인정되면 그것을 영업의 양도라 볼 것이지만, 반면에 영업재산의 전부를 양도했어도 그 조직을 해체하여 양도했다면 영업의 양도로 볼 수 없다.

II. 영업양도의 제한

1. 독점규제및공정거래에관한법률에 의한 제한

영업양도가 독과점의 형성 및 기업결합의 수단으로 이용되는 것을 방지하기 위해 총자산 2조원 이상의 대규모회사 및 계열회사가 다른 회사의 영업의 일부 또는 전부를 양수하지 못하도록 규정하고 있다(독점규제및공정거래에관한법률 §7① 4호, 동 시행령 §12의 2).

2. 증권거래법에 의한 제한

증권거래법은 上場法人(상장법인)이 중요한 영업을 양도하고자 하는 경우는 금융위원회와 증권거래소에 신고하도록 규정하고(증권거래법 §190의 2② 1호), 증권회사의 영업 전부를 양도 또는 양수하는 경우는 금융위원회의 인가를 취득하도록 영업양도에 관한 제한규정을 두고 있다(증권거래법 §35①).

3. 보험업법에 의한 제한

보험업법은 보험회사가 영업양도를 하고자 하는 경우는 금융위원회의 인가를 득하도록 제한을 가하고 있다(보험업법 §150).

라 법적 효과

Ⅰ. 대내적 효과

1. 양도인의 영업재산 이전의무

양도인은 양수인에게 영업재산의 종류에 따라 개별적으로 이전하여야 한다. 즉, 부동산은 등기, 자동차는 등록, 유가증권은 교부, 유체동산은 인도 등의 방법으로 양도·이전하여야 한다.

2. 양도인의 경업금지의무

영업 양도인은 자신이 양도한 영업소가 소재한 특별시, 광역시, 시, 군 또는 인접한 특별시, 광역시, 시, 군에서는 10년간 양도한 영업과 경쟁적인 동종의 영업을 하여서는 아니되는 상법상의 의무를 부담하게 되는데, 이러한 의무를 「양도인의 競業禁止義務(경업금지의무)」라 한다. 경업금지의무기간은 상법상 10년으로 규정하고 있지만 당사자 간의 특약으로 20년까지 약정할 수 있다(§41①, ②).

이 규정은 당사자 간에 합의가 없어도 상법규정에 의해 인정되는 法定義務(법정의무)[105]이지만 任意規定(임의규정)이므로 당사자 간의 합의로서 그 적용을 배제할 수 있다.[106]

판례 (대법원 2009.09.14. 2009마1136 결정)

소규모 미용실의 상호와 시설 일체를 양도한 자가 그 미용실에서 70m 가량 떨어진 곳에 새로운 미용실을 개업하여 운영하자 양수인이

105) 상법이 경업금지의무를 법정한 것은 영업양도에 있어 양도인의 경업금지의무는 통상적인 상거래상의 예의로 인정하고 관례상 이러한 원칙은 당연히 지켜야 하는 것으로 일반인들이 인식하고 있어 영업양도계약 시 합의에서 간과하는 것이 대부분이기 때문에 이로 인한 분쟁을 합리적으로 해결하기 위해 규정한 것으로 해석된다.

106) 예컨대, 서울특별시에서 영업을 하던 갑이 을에게 영업을 양도한 경우 갑은 양도한 영업과 경쟁적인 영업을 10년간 서울특별시 또는 인접한 인천광역시나 수원시 등에서 영업으로 할 수 없으며, 이 기간은 갑과 을이 합의하여 20년으로 정할 수도 있다. 또한 갑의 경업금지의무를 면제하는 합의를 하고 갑이 서울이나 인천 등 인접지역에서 양도한 영업과 동종 또는 유사한 업종을 영업으로 하게 할 수도 있다.

경업금지가처분을 신청한 사안에서, 양수인이 미용실을 인수하면서 임차인의 지위를 승계하고 추가로 금원을 지급하여 양도인이 사용하던 상호, 간판, 전화번호, 비품 등 일체를 인수받은 다음 이를 변경하지 아니한 채 그대로 사용하면서 미용실을 운영하고 있는 점에 비추어, 비록 그 미용실이 특별히 인계 · 인수할 종업원이나 노하우, 거래처 등이 존재하지 아니하여 이를 인수받지 못하였다 할지라도, 양수인은 양도인으로부터 유기적으로 조직화된 수익의 원천으로서의 기능적 재산을 이전받아 양도인이 하던 것과 같은 영업적 활동을 계속하고 있으므로 위 미용실의 영업을 양수하였다고 판단하여, 위 가처분 신청을 배척한 원심결정을 파기하였다.

II. 대외적 효과

1. 기존 기업의 채권자 보호

1) 기존의 상호를 계속 사용하는 경우

(1) 원칙

양수인이 양도인의 기존의 상호, 즉 양도인이 영업을 양도하기 전에 사용하던 상호를 계속하여 사용하는 경우 양수인은 원칙적으로 양도인의 영업상 채무를 중첩적으로 인수한다.[107] 따라서 영업양도계약이 무효 또는 취소되는 경우도 양수인은 기존의 영업상 채무의 변제책임을

107) 영업양도가 실질적으로 이루어진다고 하더라도 양수인이 기존기업의 상호를 계속 사용하게 되면 외관상 영업양도 사실을 제3자는 인식하지 못할 수도 있고, 영업양도 사실을 모르고 양수인을 양도인으로 믿고 종전과 같이 계속 거래를 하는 경우 선의의 제3자는 그 외관을 믿은 대로 보호하는 것이 상법의 특성이기도 하다.

면치 못한다(§42①).

여기서 기존의 상호는 반드시 양도인이 사용하던 상호와 동일한 것이어야 하는 것은 아니고 양수인의 옥호 또는 영업표지인 때에도 그것이 영업주체를 나타내는 것으로 사용되는 경우도 기존상호 속용에 해당된다.

판례 (대법원 2010.9.30. 선고 2010다35138 판결)

상호를 속용하는 영업양수인의 책임을 정하고 있는 상법 제42조 제1항은, 일반적으로 영업상의 채권자의 채무자에 대한 신용은 채무자의 영업재산에 의하여 실질적으로 담보되어 있는 것이 대부분인데도 실제 영업의 양도가 이루어지면서 채무의 승계가 제외된 경우에는 영업상의 채권자의 채권이 영업재산과 분리되게 되어 채권자를 해치게 되는 일이 일어나므로 영업상의 채권자에게 채권추구의 기회를 상실시키는 것과 같은 영업양도의 방법, 즉 채무를 승계하지 않았음에도 불구하고 상호를 속용함으로써 영업양도의 사실이 대외적으로 판명되기 어려운 방법 또는 영업양도에도 불구하고 채무의 승계가 이루어지지 않은 사실이 대외적으로 판명되기 어려운 방법 등이 채용된 경우에 양수인에게도 변제의 책임을 지우기 위하여 마련된 규정이라고 해석된다. 따라서 양수인에 의하여 속용되는 명칭이 상호 자체가 아닌 옥호 또는 영업표지인 때에도 그것이 영업주체를 나타내는 것으로 사용되는 경우에는 영업상의 채권자가 영업주체의 교체나 채무승계 여부 등을 용이하게 알 수 없다는 점에서 일반적인 상호속용의 경우와 다를 바 없으므로, 양수인은 특별한 사정이 없는 한 상법 제42조 제1항의 유추적용에 의하여 그 채무를 부담한다.

판례 (대법원 1998. 4. 14. 선고 96다8826 판결)

상호를 續用(속용)하는지 여부를 판단함에 있어서는 營業讓度人(영업양도인)이 사용하던 상호와 양수인이 사용하는 상호가 동일할 것까지는 없고 다만 전후의 상호가 주요 부분에 있어서 공통되기만 하면 상호를 계속 사용한다고 보아야 한다. 따라서 기존의 "주식회사 파주레미콘"을 양수 후 "파주콘크리트 주식회사"로 변경하여 사용하더라도 이는 주요 부분에서 공통된다고 보아 상호 속용으로 인정한다.

판례 (대법원 2002. 5. 10. 선고 2000다70156 판결)

보증보험약관 제9조 제1호는 이러한 경우에 보험자의 승인을 받지 않으면 보험계약은 효력이 상실된다고 규정하고 있더라도 이 규정은 상법 제652조와 제653조를 구체화한 규정으로 볼 수 있는 바, 피보험자의 변경으로 위험이 현저하게 변경 또는 증가되었다는 구체적인 사유가 없는 한 보증보험이 담보하는 물품판매대금채권 발생의 기초가 되는 매매알선계약에 따른 모든 권리, 의무가 영업양도 등에 수반된 계약인수에 의하여 양도된 경우에, 그와 같이 계속적으로 발생하는 물품판매대금채무를 그 보험기간 동안 보험금액 한도 내에서 보증하는 이행(상품판매대금)보증보험계약에 따른 피보험자의 지위도 계약인수 및 보증계약의 법리상 이에 부수하여 함께 이전된다.

(2) 예외

양수인이 기존의 상호를 계속하여 사용하는 경우라도 영업양도 후 지체 없이 양수인이 양도인의 영업상 채무에 대하여 책임 없음을 등기하거나 양도인과 양수인이 채권자에게 그 사실을 통지한 경우는 면책된다(§42②).[108]

2) 기존의 상호를 계속하여 사용하지 않는 경우

(1) 원칙

讓受人(양수인)이 영업양도 후 기존의 상호와 다른 상호를 사용하는 경우는 원칙적으로 양수인이 양도인의 영업상의 채무에 대한 변제책임이 없다.

(2) 예외

양수인이 기존의 상호를 사용치 않더라도 양도인의 영업상 채무를 자신이 인수한다는 사실을 광고하거나 채권자에게 개별적으로 통지한 경우는 양도인의 영업상의 채무에 대하여 변제책임을 진다(§44)(대법원 2008. 4. 11. 선고 2007다89722 판결).

판례 (대법원 2010.11.11. 선고 2010다26769 판결)

갑 회사의 임원으로 근무하던 중 '폴리테트라메틸렌 에테르글리콜'의 중간물질인 '폴리테트라메틸렌 에테르글리콜 디에스테르의 제조 방법에 관한 발명을 완성한 자가 그 발명에 관하여 특허를 받을 권리를 을 회사에게 묵시적으로 양도하면서 그 양도대금을 지급받기로 묵시적 약정을 하였는데, 그 후 정 회사가 을 회사를 합병한 병 회사와의 사이에 병 회사가 PTMEG 사업을 영위하는 데 사용하고 있는 실질적인

---

108) 양수인이 양도인과 합의를 거쳐 기존의 상호는 계속 사용하더라도 모든 거래관계를 정산하여 양수인이 양도인의 기존의 채무에 대하여 변제할 의사가 없다는 사실을 기존의 채권자들에게 알린 경우는 기존의 채권자들이 기존상호 사용으로 인한 부당한 피해를 입을 가능성은 거의 없고, 만약 양수인이 기존의 채무에 대한 책임이 없다는 사실을 알고도 대응하지 않았다면 당연히 기존채권자 자신이 책임을 부담하는 것이 합리적이기 때문에 이러한 경우까지도 양수인에게 그 책임을 부담하게 하는 것은 오히려 불합리하기 때문이다.

모든 자산과 부채를 포함한 사업을 양도받기로 하는 영업양도 계약을 체결하고, 위 발명자의 보상요구에 대해 계속 협의해 나가자는 취지의 답변을 한 후 여러 차례 보상금의 액수에 대한 협의를 한 사안에서, 그 영업양도 계약서의 문언상 위 양도대금 채무는 인수 대상에 포함되지 않으나 정 회사는 상법 제44조의 채무인수를 광고한 인수인으로서 발명자에게 위 양도대금 채무를 변제할 책임이 있다.

3) 양도인의 면책

讓渡人(양도인)은 위 (1)의 경우는 영업양도 후 2년, (2)의 경우는 債務引受(채무인수)의 광고 및 통지일로부터 2년이 경과되면 영업상 채무에 대하여 면책되고, 그 이후는 양수인만이 양도인의 영업상 채무에 대하여 변제책임을 진다(§45).

판례 (대법원 2002. 6. 28 선고 2002다22380 판결)

대리점 계약 시 계약이나 그에 의한 권리를 상대방 동의 없이 양도할 수 없다고 약정하였다 하더라도 영업양도 사실을 알면서 영업양수인과 거래한 상대방이 영업양도인에게 책임을 물을 수는 없다.

2. 기존 영업상의 채무자 보호

양수인이 기존의 상호를 계속 사용하는 경우 기존의 영업상 채무자가 중대한 과실 없이 양수인에게 채무를 변제하였다면 그 채무변제로 인해 양도인에 대한 채무는 소멸하게 된다(§43). 즉, 기존의 영업상 채무자가 양도인(채권자)에게 별도의 채무를 변제할 필요가 없다.[109] 따라서 양도인은 그 채무자에게 채무변제의 청구 대신 그 채무의 변제를 받은 양수인에게 不當利得返還(부당이득반환)을 청구하여 자신의 채권을 확보할 수 있을 뿐이다.

3. 근로자에 대한 보호

영업양도는 영업재산의 인적·물적 모든 부분에 대한 포괄승계의 효력이 발생하므로 근로계약에 관한 특약이 없는 한 양도인과 근로자 간의 근로계약은 양수인에게 포괄적으로 승계된다. 그러나 양수인과의 관계에서 근로관계를 계속 유지할 것인지 여부는 근로자가 자유롭게 결정할 수 있다.

판례 (대법원 2012.5.10. 선고 2011다45217 판결)

영업의 양도란 일정한 영업목적에 의하여 조직화된 업체 즉, 인적·물적 조직을 동일성은 유지하면서 일체로서 이전하는 것이어서 영업 일부만의 양도도 가능하고, 이러한 영업양도가 이루어진 경우에는 원칙적으로 해당 근로자들의 근로관계가 양수하는 기업에 포괄적으로 승계되지만 근로자가 반대 의사를 표시함으로써 양수기업에 승계되는 대신 양도기업에 잔류하거나 양도기업과 양수기업 모두에서 퇴직할 수도 있다.

---

109) 예컨대, 갑이 을에게 외상 판매를 하고 외상채권이 존재하는 상황에서 갑이 병에게 영업을 양도하였는데 양수인 병이 기존의 갑의 상호를 계속 사용하고 있어 을은 갑이 병에게 영업양도를 한 사실을 모르고 병에게 과거의 외상채무를 변제한 경우 을은 외상채무의 변제책임을 면하게 되고, 갑은 자신이 직접 그 외상채권을 변제받지 않았다는 이유로 을에게 채권행사를 할 수 없다.

판례 (대법원 2002. 3. 29. 선고 2000두8455 판결)

영업양도의 경우에는 원칙적으로 해당 근로자들의 근로관계가 양수하는 기업에 포괄적으로 승계되는 바, 반대의 특약이 없는 한 양도인과 근로자 사이의 근로관계는 원칙적으로 양수인에게 포괄적으로 승계되고, 영업양도 당사자 사이에 근로관계의 일부를 승계의 대상에서 제외하기로 하는 특약이 있는 경우에는 그에 따라 근로관계의 승계가 이루어지지 않을 수 있으나, 그러한 특약은 실질적으로 해고나 다름이 없으므로 근로기준법 제30조 제1항 소정의 정당한 이유가 있어야 유효하며, 영업양도 그 자체만을 사유로 삼아 근로자를 해고하는 것은 정당한 이유가 있는 경우에 해당한다고 볼 수 없다.

판례 (대법원 2001. 11. 13. 선고 2000다18608 판결)

영업양도의 경우에는 특단의 사정이 없는 한 근로자들의 근로관계 역시 양수인에 의하여 계속적으로 승계되는 것으로, 영업양도 시 퇴직금을 수령하였다는 사실만으로 전 회사와의 근로관계가 종료되고 인수한 회사와 새로운 근로관계가 시작되었다고 볼 것은 아니고 다만, 근로자가 자의에 의하여 사직서를 제출하고 퇴직금을 지급받았다면 계속근로의 단절에 동의한 것으로 볼 여지가 있지만, 이와 달리 회사의 경영방침에 따른 일방적 결정으로 퇴직 및 재입사의 형식을 거친 것이라면 퇴직금을 지급받았더라도 계속근로관계는 단절되지 않는 것이다.

판례 (대법원 2001. 6. 29. 선고 2001두1611 판결)

공중위생영업에 있어 그 영업을 정지할 위법사유가 있는 경우, 그 영업이 양도·양수되었다 하더라도 양수인에 대하여 영업정지처분을 할 수 있다. 따라서 공중위생영업의 양수인이 그 양수 후 행정청에 새로운 영업소개설통보를 하였다 하더라도, 그로 인하여 영업양도 · 양수로 영업소에 관한 권리의무가 양수인에게 이전하는 법률효과까지 부정되는 것은 아니라 할 것인바, 만일 어떠한 공중위생영업에 대하여 그 영업을 정지할 위법사유가 있다면, 관할 행정청은 그 영업이 양도 · 양수되었다 하더라도 그 업소의 양수인에 대하여 영업정지처분을 할 수 있다.

제2편
상행위

제1장 개 념

가 상행위란?

「商行爲(상행위)」라 함은 실질적으로는 營利(영리)에 관한 모든 행위를 의미하고, 형식적으로는 상법(§46)과 특별법(담보부사채신탁법 §23②)에서 구체적으로 「상행위」라고 규정된 행위, 즉 형식적으로 법에 의해 상행위로 지정된 상행위를 말한다.

어떠한 행위가 상행위에 해당하느냐 그렇지 않느냐 하는 문제는 그 행위에 대하여 상법이 적용되느냐 적용되지 않느냐를 판단하기 위해서이기 때문에 상행위에 관한 개념 정리의 필요성이 요구된다.

나 상행위의 기준에 관한 입법주의

Ⅰ. 주관주의

상행위의 개념을 정하는 원칙으로서 「主觀主義(주관주의)」란 법으로 상인의 개념을 먼저 정하고 그 상인이 영업으로 하는 행위를 상행위로 인정하는 立法主義(입법주의)를 말한다. 주관주의를 취하고 있는 국가로서는 독일, 프랑스 등이 있다.

Ⅱ. 객관주의

客觀主義(객관주의)에 의한 상행위란 행위의 주체에 관계없이 행위의 객관적 성질에 따라 상행위를 정하는 경우를 말한다. 우리나라 舊商法(구상법)의 입장이다.

Ⅲ. 절충주의

주관주의와 객관주의를 병용하여 일정한 행위는 상인의 개념과 관계없이 객관적 기준에 따라 상행위로 인정하고, 또한 상인이 영업으로 하는 행위도 상행위로 인정하는 입법주의를 「折衷主義(절충주의)」라 한다. 일본 상법과 프랑스 상법이 이를 채택하고 있다.

Ⅳ. 우리 상법의 입장

상행위에 대한 우리나라 현행 상법의 입장에 대하여 주관주의설, 객관주의설, 절충주의설 등 여러 說이 있지만 현행 상법은 §46에서 구체적으로 상행위를 열거하고 있으며, 상인이 영업으로 하는 행위라고 해서 상행위가 되는 것은 아니다.

그리고 상인의 종류에 대해서는 상법이 當然商人(당연상인) 외에도 擬制商人(의제상인)을 인정하고 있지만 상법상 의제상인은 반드시 상행위 이외의 행위를 영업으로 하는 자일 것을 요건으로 규정하고 있다(§5). 따라서 현행상법의 상행위에 대한 입장은 주관주의로 보는 것이 타당하다.

다 상행위의 종류

Ⅰ. 기본적 상행위와 보조적 상행위

1. 기본적 상행위

1) 기본적 상행위란?

「基本的商行爲(기본적상행위)」란 當然商人(당연상인)의 개념의 기초가 되는 상행위로서 상법 제46조에서 규정하고 있는 22가지 유형의 상행위와 擔保附社債信託法(담보부사채신탁법)에서 규정하고 있는 擔保附社債總額引受(담보부사채총액인수)가 이에 해당한다.

어떤 행위가 상법 제46조 소정의 기본적 상행위에 해당하기 위하여는 영업으로 동조 각 호 소정의 행위를 하는 경우이어야 하고, 여기서 영업으로 한다고 함은 영리를 목적으로 동종의 행위를 계속 반복적으로 하는 것을 의미한다(대법원 1998. 7. 10. 선고 98다10793 판결).

2) 기본적 상행위의 유형

상법 제46조가 규정하고 있는 22가지 기본적 상행위의 유형은 다음과 같다.

(1) 동산, 부동산, 유가증권 기타 재산의 매매(§46 제1호)

「有價證券(유가증권)」은 일정한 재산적 가치가 표시된 증권을 말하고, 「기타 재산」은 著作權(저작권), 特許權(특허권), 實用新案權(실용신안권), 디자인권, 商標權(상표권) 등과 같은 知的財産權(지적재산권)과 鑛業權(광업권), 漁業權(어업권) 등을 말하며, 「賣買(매매)」란 위의 재산을 판매하거나 판매할 목적으로 매입하는 행위를 의미한다.

(2) 동산, 부동산, 유가증권 기타 재산의 임대차(§46 제2호)

「賃貸借(임대차)」란 영리를 목적으로 계속적으로 동산, 부동산, 유가증권 기타 재산을 賃貸(임대) 또는 賃借(임차)하는 행위를 말한다.

(3) 제조, 가공 또는 수선에 관한 행위(§46 제3호)

일정한 대가를 받기 위해 물건을 제조, 가공, 수선하는 행위를 말하며, 단순히 임금이나 기타 보수를 받을 목적으로 이러한 행위를 하는 것은 이에 해당하지 않는다.

(4) 전기, 전파, 가스 또는 물의 공급에 관한 행위(§46 제4호)

일정한 대가를 받고 전기, 전파, 가스, 물 등을 공급하기로 약정하는 행위로서 일반적으로 매매계약의 성질을 가지지만 설비의 임대가 수반되는 경우는 매매계약과 賃貸借契約(임대차계약)의 혼합계약으로 보아야 한다.

(5) 작업 또는 노무의 도급의 인수(§46 제5호)

각종 공사의 都給契約(도급계약)을 체결하거나 상대방의 일정한 노무에 종사케 할 목적으로 노무자를 공급하기로 약정하는 계약으로 전자는 일반적인 경우의 도급계약, 후자는 용역대행업의 경우가 해당된다.

(6) 출판, 인쇄 또는 촬영에 관한 행위(§46 제6호)

「출판이나 인쇄에 관한 행위」는 문서 또는 도서를 인쇄하여 발매 또는 유상으로 頒布(반포)하는 행위를 말하고, 「촬영에 관한 행위」는 일정한 대가를 받고 사진을 촬영하는 행위를 말한다.

(7) 광고, 통신 또는 정보에 관한 행위(§46)

「광고」란 대가를 받고 일정한 내용을 선전 또는 홍보하는 행위를 말하고, 「통신」이란 각종의 뉴스를 제공하는 행위를 말하며, 「정보에 관한 행위」는 의뢰인으로부터 대가를 받고 특정인의 신용상태나 신원에 관한 사항을 수집하여 제공하는 행위를 말한다.

(8) 수신, 여신, 환 기타의 금융거래(§46 제8호)

「受信(수신)」은 금전 또는 유가증권을 유치하는 행위, 예금을 받아들이는 행위를 말하고, 「與信(여신)」은 금전 또는 유가증권을 대여하는 행위를 말하며, 「換去來(환거래)」란 일정한 수수료를 받고 다른 화폐로 교환해 주는 행위를 말한다. 그리고 「기타의 금융거래」란 금전 또는 유가증권의 전환을 매개하는 행위로서 어음할인 또는 보증행위 등이 여기에 해당한다.

판례 (대법원 2005. 7. 22. 선고 2002다63749 판결)

신용협동조합은 원칙적으로 설립목적으로 보아 비영리법인에 해당한다고 볼 수 있지만 조합원이 아닌 비조합원에 대한 이자수입을 목적으로 하는 장기 대출행위는 상법 제46조 제8호에 규정된 여신행위를 영업으로 한 경우에 해당하여 신용조합의 비조합원에 대한 장기대출행위는 상행위로 보는 것이 타당하다.

판례 (대법원 1998. 7. 10. 선고 98다10793 판결)

새마을금고법의 제반 규정에 의하면 새마을금고는 우리나라 고유의 상부상조 정신에 입각하여 자금의 조성 및 이용과 회원의 경제적 · 사회적 · 문화적 지위의 향상 및 지역사회개발을 통한 건전한 국민정신의 함양과 국가경제발전에 기여함을 목적으로 하는 비영리법인이므로, 새마을금고가 금고의 회원에게 자금을 대출하는 행위는 일반적으로는 영리를 목적으로 하는 행위라고 보기 어렵다.

(9) 공중이 이용하는 시설에 의한 거래(§46 제9호)

이는 공중접객업자의 영업행위로서 목욕탕, 극장, 예식장, 호텔, 당구장 등과 같은 公衆(공중)이 모일 수 있는 시설을 마련해 놓고 일정한 대가를 받고 이러한 시설을 이용할 수 있도록 하는 행위를 말한다.

(10) 상행위의 대리의 인수(§46 제10호)

이는 일정한 수수료를 받고 특정 상인의 상행위를 대리하는 행위로서 代理商(대리상)의 영업행위를 말한다.

(11) 중개에 관한 행위(§46 제11호)

이는 수수료를 받고 타인간의 거래가 성립될 수 있도록 홍정을 붙이는 행위를 말하며, 이러한 행위를 영업으로 하는 자를 「仲介人(중개인)」이라 한다.

판례 (대법원 2008.12.11. 선고 2007다66590 판결)

부동산 중개업무는 상법 제46조 제11호에서 정하고 있는 「중개에 관한 행위」로서 기본적 상행위에 해당하고, 상인이 영업을 위하여 하는 행위는 상행위이며, 상인의 행위는 영업을 위하여 하는 것으로 추정되는 바, 부동산 중개업무를 실제로 영위하여 상인인 자가 그 중개를 성사시키기 위하여 또는 그 중개에 대한 책임으로 보증각서를 작성하여 매수인의 잔금채무를 보증한 경우, 그 보증행위는 영업을 위하여 한 것으로 추정되고, 그 추정을 번복할 만한 증거가 없는 한 상행위로 간주된다.

(12) 위탁매매 기타의 주선에 관한 행위(§46조 제12호)

행위자가 타인을 위하여 당사자로서 법률행위를 하지만 그 법률행위로 인한 손익은 타인에게 귀속시키는 상행위를 「周旋(주선)」이라 한다. 물건이나 유가증권의 매매, 물건의 운송, 법률행위 등의 주선이 이에 해당하며, 증권회사의 주식위탁매매행위가 대표적인 경우라 할 수 있다.

(13) 운송의 인수(§46 제13호)

이는 물건 또는 사람을 일정한 장소에서 다른 장소로 운송하는 행위를 인수하는 운송인의 상행위를 말한다.

(14) 임치의 인수(§46 第14호)

「任置(임치)」란 타인을 위하여 물건, 금전, 유가증권 등을 보관해 주는 행위를 말하며, 창고업자의 영업행위가 이에 속한다.

(15) 신탁의 인수(§46 第15호)

「信託(신탁)」이란 委託者(위탁자)가 일정한 재산권을 受託者(수탁자)에게 이전하거나 기타의 처분을 하고 수탁자로 하여금 특정의 목적 또는 이익을 위하여 그 재산권을 관리 또는 처분할 수 있도록 하는 법률행위로서 이러한 행위를 영업으로 하는 상인을 「信託業者(신탁업자)」라 하는데, 이는 재정경제부장관의 인가를 받은 주식회사만이 영업으로 할 수 있다(신탁업법 §3, 4).

(16) 상호부금 기타 이와 유사한 행위(§46 第16호)

「相互賦金(상호부금)」이란 일정한 座數(좌수)와 給付金(급부금)을 정한 다음 정기적으로 賦金(부금)을 납입하게 하되 1좌마다 추첨, 입찰 기타 유사한 방법에 의하여 특정된 자에게 일정금액을 급여하는 제도를 말한다. 이는 상호신용금고법으로 정한다.

(17) 보험(§46 第17호)

「保險(보험)」이란 동일한 위험부담이 예상되는 다수인으로부터 미리 일정액의 금원을 확보하고 있다가 예상했던 위험이 발생하는 경우 그에 대한 일정한 금액을 급여하는 제도를 말한다. 이러한 보험도 상행위의 일종으로 인정되지만 相互保險(상호보험)이나 社會保險(회사보험)은 이에 해당하지 않는다.

(18) 광물 또는 토석의 채취에 관한 행위(§46 第18호)

여기서 「광물 또는 土石(토석)의 채취에 관한 행위」는 사실상 광물 또는 토석을 채취하여 매매하는 행위로 해석하여야 하며, 이는 원시산업에 속하는 행위로서 원래는 의제상인의 영업행위에 속하나 그 행위의 기업성을 인정하여 상법이 기본적 상행위로 규정한 것이다.

(19) 기계, 시설 그 밖의 재산의 금융리스에 관한 행위(§46 제19호)

이는 새로운 상행위의 하나인 리스거래에 해당하며, 與信專門金融業法(여신전문금융업법)에 의해 규율되는 物的金融去來(물적금융거래)의 일종으로서 리스이용자(lessee)의 요청에 따라 금융리스업자(lessor)가 공급자(supplier)로부터 리스물건을 구입하여 리스이용자가 사용토록 하고 일정한 사용료를 받는 형태로 이루어지는 것이 일반적이다.

이러한 상행위의 영업을 「금융리스업」이라 하는데, 이에 대한 법률관계에 대하여 상법 제12장(§168의 2~168의 5)에서 구체적으로 규정하고 있다.

(20) 상호, 상표 등의 사용허락에 의한 영업에 관한 행위(§46 제20호)

가맹업자(프랜차이즈설정자 : franchisor)가 개발한 상호, 상표, 노하우 등, 즉 상인의 영업표시를 가맹상(프랜차이즈이용자 : franchisee)으로 하여금 이용케 하고, 일정한 수수료를 받기로 약정하는 새로운 상행위를 「가맹업」 또는 「프랜차이즈(franchise)」라고 부르고, 가맹업자와 가맹상 간의 법률관계에 대해서는 상법 제13장에서 구체적으로 규정하고 있다(§168의 6~168의 10).

(21) 영업상 채권의 매입·회수 등에 관한 행위(§46 제21호)

이는 팩터링회사의 영업행위로서 팩터링회사(factor)가 거래기업과 팩터링계약을 체결하고 경영정보, 회계서비스 등을 제공하면 거래기업(client)이 일정기간 동안에 발생한 외상매출채권을 일괄적으로 팩터링회사에 양도하고 팩터링회사가 채무자(customer)에게 債權(채권)의 추심을 하는 3자간의 거래방식을 말한다.

이러한 상행위의 영업을 「채권매입업」이라고 하고, 이에 대한 법률관계에 대하여 상법 제14장(§168의 11∼168의 12)에서 구체적으로 규정하고 있다.

(22) 신용카드, 전자화폐 등을 이용한 지급결제 업무의 인수(§46 제22호)

「신용카드, 전자화폐 등의 지급결제 업무의 인수」란 신용카드나 전자화폐 이용금액에 대한 지급결제의 대행업으로서, 2010년 5월 14일 개정상법(법률 10281호)에서 변화된 상거래의 현실을 반영하여 신용카드업에 해당하는 신용카드 및 전자화폐 등의 지급결제업무의 인수를 새로운 상행위로 인정하였다. 이에 대한 구체적인 법률관계는 여신전문금융업법에 의해 규율된다.

2. 보조적 상행위

상인의 영업을 위해 하는 상행위로서 제조업자가 자신의 영업을 위해 근로자와 고용계약을 체결하거나 운영자금의 조달을 위해 대출을 받는 행위는 「補助的 商行爲(보조적 상행위)」에 해당한다. 상인이 영업으로 하는 행위 이외의 행위는 모두 보조적 상행위로 추정된다(§47②).

판례 (대법원 2012.11.15. 선고 2012다47388 판결)

영업의 목적인 상행위를 개시하기 전에 영업을 위한 준비행위를 하는 자는 영업으로 상행위를 할 의사를 실현하는 것이므로 그 준비행위를 한 때 상인자격을 취득함과 아울러 개업준비행위는 영업을 위한 행위로서 그의 최초의 보조적 상행위가 된다. 한편 영업자금의 차입 행위와 같이 행위 자체의 성질로 보아서는 영업의 목적인 상행위를 준비하는 행위라고 할 수 없지만, 행위자의 주관적 의사가 영업을 위한 준비행위였고 상대방도 행위자의 설명 등에 의하여 그 행위가 영업을 위한 준비행위라는 점을 인식하였던 경우에는 상행위에 관한 상법의 규정이 적용된다(대법원 2012. 4. 13. 선고 2011다104246 판결 참조). 그러나 이러한 준비행위가 보조적 상행위로서 상법의 적용을 받기 위해서는 그 행위를 하는 자가 장차 상인자격을 취득하는 것을 당연한 전제로 하므로, 그 행위자의 어떤 행위가 상인자격을 취득할 주관적 의사 아래 영업을 위한 준비행위로서 이루어진 것이라는 점에 대한 입증이 없다면 이는 그 행위자의 보조적 상행위라고 볼 수 없다.

판례 (대법원 2008.12.11. 선고 2006다54378 판결)

영업을 위하여 하는 것인지 여부가 분명치 아니한 상인의 행위는 상법 제47조의 규정에 의하여 영업을 위하여 하는 것으로 추정되고, 그와 같은 추정을 번복하기 위해서는 그와 다른 반대사실을 주장하는 자가 이를 증명할 책임이 있다. 그런데 금전의 대여를 영업으로 하지 아니하는 상인이라 하더라도 그 영업상의 이익 또는 편익을 위하여 금전을 대여하거나 영업자금의 여유가 있어 이자 취득을 목적으로 이를 대여하는 경우가 있을 수 있으므로, 이러한 상인의 금전대여행위는 반증이 없는 한 영업을 위하여 하는 것으로 추정된다.

따라서 음식점업을 영위하는 상인이 부동산중개업을 영위하는 상인에게 금원을 대여한 행위는 상법 제47조 제2항에 의하여 영업을 위하여 하는 것으로 추정되고, 그 금전대여행위가 상호 고율의 이자소득을 얻기 위한 목적으로 행하여졌다는 사정만으로는 위 추정이 번복된다고 볼 수 없다.

판례 (대법원 2008.12.11. 선고 2006다54378 판결)

영업을 위하여 하는 것인지 여부가 분명치 아니한 상인의 행위는 상법 제47조의 규정에 의하여 영업을 위하여 하는 것으로 추정되고 그와 같은 추정을 번복하기 위해서는 그와 다른 반대사실을 주장하는 자가 이를 증명할 책임이 있다. 그런데 금전의 대여를 영업으로 하지 아니하는 상인이라 하더라도 그 영업상의 이익 또는 편익을 위하여 금전을 대여하거나 영업자금의 여유가 있어 이자 취득을 목적으로 이를 대여하는 경우가 있을 수 있으므로, 이러한 상인의 금전대여행위는 반증이 없는 한 영업을 위하여 하는 것으로 추정된다.

따라서 음식점업을 영위하는 상인이 부동산중개업을 영위하는 상인에게 금원을 대여한 행위는 상법 제47조 제2항에 의하여 영업을 위하여 하는 것으로 추정되고, 그 금전대여행위가 상호 고율의 이자소득을 얻기 위한 목적으로 행하여졌다는 사정만으로는 위 추정이 번복된다고 볼 수 없다.

II. 준상행위

상행위를 영업으로 하지 않더라도 점포 기타 유사한 설비에 의해 商人的 方法(상인적 방법)으로 영업을 하는 자[110] 또는 상행위 이외의 영리를 목적으로 설립된 民事會社(민사회사)의 영업행위는 「準商行爲(준상행위)」로서 이에 대해서는 상행위에 관한 법률규정이 준용된다(§66). 따라서 擬制商人(의제상인)의 영업행위를 준상행위로 이해하면 된다.

Ⅲ. 쌍방적 상행위와 일방적 상행위

1. 쌍방적 상행위

「雙方的 商行爲(쌍방적 상행위)」란 상거래 당사자의 쌍방에게 상행위가 되는 행위로서 상인과 상인 간의 商事契約(상사계약)에 있어서 그 상인들의 상행위가 이에 해당한다.

2. 일방적 상행위

상거래 당사자의 일방에 대해서만 상행위가 되는 행위는 일방적 상행위로서 상인과 非商人(비상인) 간의 상거래에서 발생할 수 있다.

Ⅳ. 상행위법의 적용범위

1. 공법인의 상행위

110) 이러한 영업을 하는 자는 앞에서 설명한 「설비상인」에 해당한다.

公法人(공법인)의 상행위에 대해서도 법령에 다른 규정이 없는 한 상법을 적용한다(§2).

2. 일방적 상행위

쌍방적 상행위에 대하여는 당연히 상법이 적용되며, 일방적 상행위에 대해서도 상법은 그 거래당사자 전원, 즉 상인과 비상인 모두에 대하여 적용된다(§3). 따라서 商事法定利子(상사법정이자) 6%(§54) 및 5년으로 정한 商事債權(상사채권)의 消滅時效(소멸시효)는 상인과 거래한 비상인에 대해서도 적용된다.

판례 (대법원 2002. 9. 24. 선고 2002다6760, 6777 판결)

당사자 쌍방에 대하여 모두 상행위가 되는 행위로 인한 채권뿐만 아니라 당사자 일방에 대하여만 상행위에 해당하는 행위로 인한 채권도 상법 제64조 소정의 5년의 소멸시효기간이 적용되는 상사채권에 해당하는 것이고, 그 상행위에는 상법 제46조 각호에 해당하는 기본적 상행위뿐만 아니라 상인이 영업을 위하여 하는 보조적 상행위도 포함되며, 상인이 영업을 위하여 하는 행위는 상행위로 보되 상인의 행위는 영업을 위하여 하는 것으로 추정되는 것이다.

제2장 상행위법 총칙

가 상행위의 특칙

Ⅰ. 민법 총칙편에 대한 특칙

1. 상행위의 대리

기업의 경영활동은 商業使用人(상업사용인)에 의하여 실현되는 것이 보통이다. 즉, 상사거래는 상인을 갈음한 상업사용인, 즉 經營補助者(경영보조자)의 代理行爲(대리행위)에 의해 이루어지는 것이 일반적인데, 상법상의 代理制度(대리제도)는 민법상의 대리제도에 비하여 다음과 같은 특칙이 적용된다.

	상사대리	민사대리
대리의 방법	비현명주의	현명주의
대리권의 범위	위임의 취지에 반하지 않는 한 위임받지 아니한 내용까지 대리 가능	위임받은 범위 내
대리권의 소멸사유	대리인의 사망·파산·금치산 등	본인의 사망, 대리인의 사망·파산·금치산 등

1) 대리의 방법

민법상의 대리행위는 본인을 위하여 한다는 내용을 표시하도록 하여 顯名主義(현명주의)를 채택하고 있어 대리인이 본인을 위하여 일정한 행위를 한다는 표시를 하여야 그 행위의 법률효과가 본인에게 귀속되도록 하고 있으나(민법 §114, 115), 상법은 非顯名主義(비현명주의)를 채택하고 있어 상사대리인이 본인을 위하여 일정한 행위를 한다는 표시를 하지 않아도 상사대리인의 행위에 대한 법적 효과는 본인인 상인에게 귀속된다(§48). 그러나 상대방이 본인을 위하여 한 것임을 알지 못한 경우는 대리인도 그에 대한 책임을 부담한다.[111)]

판례 (대법원 2009.01.30. 선고 2008다79340 판결)

상법 제48조는 "상행위의 대리인이 본인을 위한 것임을 표시하지 아니하여도 그 행위는 본인에 대하여 효력이 있다. 그러나 상대방이 본인을 위한 것임을 알지 못한 때에는 대리인에 대하여도 이행의 청구를 할 수 있다" 고 규정하고 있으므로, 조합대리에 있어서도 그 법률행위가 조합에게 상행위가 되는 경우에는 조합을 위한 것임을 표시하지 않았다고 하더라도 그 법률행위의 효력은 본인인 조합원 전원에게 미친다.

갑이 금전을 출자하면 을이 골재 현장에서 골재를 생산하여 그 이익금을 50:50으로 나누어 분배하기로 하는 내용의 동업계약에서, 을은 민

---

111) 예컨대, 민사대리에 해당하는 주택의 임대차계약에 관한 대리의 경우 주택의 소유자 갑을 대신하여 을이 계약을 체결하는 경우 계약서상에 「갑의 대리인 을」 이라는 표시를 반드시 하여야 하는데, 상사대리에 해당하는 국민은행 서초지점 지점장 병이 고객과 금전소비대차계약을 체결하는 경우는 「국민은행 서초지점 지점장 갑」 이라고만 표시하고 대리인의 표시는 하지 않아도 된다.

법상 조합의 업무집행조합원에 해당한다고 볼 수 있고, 을이 위 골재 현장의 터파기 및 부지 평탄작업에 투입될 중장비 등에 사용할 목적으로 유류를 공급받는 행위는 골재생산업을 영위하는 상인인 갑과 을을 조합원으로 한 조합이 그 영업을 위하여 하는 행위로서 상법 제47조 제1항에 정한 보조적 상행위에 해당한다고 볼 여지가 충분하므로, 을이 위 골재현장에 필요한 유류를 공급받으면서 그 상대방에게 조합을 위한 것임을 표시하지 아니하였다 하더라도 상법 제48조에 따라 그 유류공급계약의 효력은 본인인 조합원 전원에게 미친다.

2) 대리권의 범위

민법상의 대리는 본인으로부터 위임받은 내용의 범위 내에서만 대리행위를 하여야 하지만(민법 §681), 상법상 대리의 경우는 위임받은 본래의 취지에 반하지 않는 범위 내에서 본인으로부터 위임받지 아니한 내용에 대해서도 대리할 수 있다(§49).

따라서 민사대리는 본인으로부터 위임받지 아니한 내용에 대해서는 대리행위를 할 수 없으나 상사대리의 경우는 직접 본인으로부터 위임받은 내용이 아니라 하더라도 위임의 취지에 반하지 않는 내용에 대해서는 대리행위를 할 수 있기 때문에 상인 갑으로부터 을이 위임을 받아 특정지역의 특산품을 매입하는 경우 예상치 못한 사유로 그 특산물의 가격 폭락이 우려되는 경우 을은 이미 매입한 특산품을 처분할 수도 있다. 왜냐하면 상인 갑은 영리 목적으로 특산물의 매입에 관한 대리권을 을에게 위임하였기 때문에 비록 을에게 특산품의 판매에 관한 위임은 하지 않았다 하더라도 당시의 상황에 따라 을이 그 특산품을 처분하는 것이 갑이 을에게 위임한 본래의 취지에 해당하는 영리추구에 해당하기 때문이다.

3) 대리권의 존속

민법상의 代理權(대리권)은 본인의 사망, 대리인의 사망·파산·금치산 등에 의해 소멸되지만(민법 §127), 상행위의 위임에 의한 대리권, 즉 商事代理權(상사대리권)은 본인의 사망으로 소멸되지 않고 그 상속인과 대리인 사이에 대리관계가 존속한다(§50).

민사대리는 본인의 의사가 중시되고, 상사대리는 대리의 취지가 중시되기 때문에 상사대리는 본인의 사망과 무관하게 그 상속인에게 자동승계 되는 것으로 인정하고 있다.

2. 소멸시효

민법상의 일반적인 債權(채권)은 10년의 消滅時效(소멸시효)에 걸리지만 (민법 §162①), 일반적인 商事債權(상사채권)은 상법 또는 다른 법령(민법 §163~165 등)에 단기의 시효기간이 규정된 경우를 제외하고 5년의 소멸시효에 걸린다(§64). 이러한 상사소멸시효는 일방적상행위에도 적용되고, 기본적 상행위와 보조적 상행위에도 적용된다.

상사채권의 소멸시효기간을 민사채권의 소멸시효기간보다 단축시킨 것은 상거래관계를 조기에 종결지우도록 하여 신속하고 원활한 상거래를 실현시키고자 하는 상법의 특성으로 해석된다.

판례 (대법원 2010.3.11. 선고 2009다100098 판결)

당사자 쌍방에 대하여 모두 상행위가 되는 행위로 인한 채권뿐만 아니라 당사자 일방에 대하여만 상행위에 해당하는 행위로 인한 채권도 상법 제64조 소정의 5년의 소멸시효기간이 적용되는 상사채권에 해당하는 것이고, 그 상행위에는 상법 제46조 각 호에 해당하는 기본적 상행위뿐만 아니라, 상인이 영업을 위하여 하는 보조적 상행위도 포함되는 것이며, 상인의 행위는 영업을 위하여 하는 것으로 추정된다(상법 제47조 제2항).

판례 (대법원 2003. 4. 8. 선고 2002다64957, 64964 판결)

주식회사인 부동산 매수인이 의료법인인 매도인과의 부동산매매계약의 이행으로서 그 매매대금을 매도인에게 지급하였으나, 매도인 법인을 대표하여 위 매매계약을 체결한 대표자의 선임에 관한 이사회결의가 부존재하는 것으로 확정됨에 따라 위 매매계약이 무효로 되었음을 이유로 민법의 규정에 따라 매도인에게 이미 지급하였던 매매대금 상당액의 반환을 구하는 부당이득반환청구의 경우, 거기에 상거래 관계와 같은 정도로 신속하게 해결할 필요성이 있다고 볼 만한 합리적인 근거도 없으므로 위 부당이득반환청구권에는 상법 제64조가 적용되지 아니하고, 그 소멸시효기간은 민법 제162조 제1항에 따라 10년이 된다.

II. 민법 물권편에 대한 특칙

1. 유질계약

1) 유질계약이란?

「유질계약(流質契約)이란 채무자가 채권자에게 債務辨濟(채무변제)에 대한 담보물을 제공하고 辨濟期(변제기)에 채무를 변제하지 못하면 채권자가 질권의 목적물인 담보물에 대한 소유권을 취득하거나 법정 절차 없이 임의로 그 담보물을 처분할 수 있도록 약정한 계약을 말한다.

이러한 유질계약에서 분쟁을 예방하기 위해서는 구체적인 조건을 명시하는 것이 가장 좋은 방법이고, 묵시적인 약정이 있는 경우라도 그에 대한 해석은 합리적이고 신의칙에 따라 해석하여야 한다.

판례 (대법원 2008.3.14. 선고 2007다11996 판결)

상행위로 인하여 생긴 채권을 담보하기 위하여 설정한 질권의 경우에는 이른바 유질계약이 허용된다고 할 것이나(상법 제59조, 민법 제339조), 그렇다고 하여 모든 상사질권설정계약이 당연히 유질계약에 해당한다고 할 수는 없고, 상사질권설정계약에 있어서 유질계약의 성립을 인정하기 위하여서는 그에 관하여 별도의 명시적 또는 묵시적인 약정이 성립되어야 한다. 계약당사자 사이에 어떠한 계약내용을 처분문서인 서면으로 작성한 경우에 문언의 객관적인 의미가 명확하다면, 특별한 사정이 없는 한 문언대로의 의사표시의 존재와 내용을 인정하여야 하지만, 그 문언의 객관적인 의미가 명확하게 드러나지 않는 경우에는 그 문언의 내용과 계약이 이루어지게 된 동기 및 경위, 당사자가 계약에 의하여 달성하려고 하는 목적과 진정한 의사, 거래의 관행 등을 종합적으로 고찰하여 사회정의와 형평의 이념에 맞도록 논리와 경험의 법칙, 그리고 사회일반의 상식과 거래의 통념에 따라 계약내용을 합리적으로 해석하여야 하고, 특히 당사자 일방이 주장하는 계약의 내용이 상대방에게 중대한 책임을 부과하게 되는 경우에는 그 문언의 내용을 더욱 엄격하게 해석하여야 한다.

따라서 구체적인 조건을 약정하지 않고 담보물 제공당시 가격의 1/2

에 해당하는 가격을 기준으로 금전을 차용하면서 변제기에 원리금을 변제하지 못하면 채권자가 담보물을 임의처분하기로 합의한 경우 채권자가 담보물을 처분하여 원리금을 충당하고 남은 잔여금은 채무자에게 반환하여야 한다.

2) 상법상 유질계약에 관한 특칙

민법은 원칙적으로 이러한 유질계약을 금지하고 있으나(민법 §339), 상행위법은 상행위로 인한 채권에 대해서는 유질계약을 허용하고 있다(§59).[112] 민법은 신뢰관계를 우선적으로 하고 상법은 상인의 영리추구와 원활한 상거래 관계의 확보를 우선적으로 하기 때문에 상법에서만 인정되는 원칙으로 해석된다.

2. 유치권

「留置權(유치권)」이란 타인의 물건 또는 유가증권을 점유한 자가 그 물건이나 유가증권으로 인해 발생한 채권을 변제받을 때까지 그 물건이나 유가증권의 반환을 거부하고 잡아둘 수 있는 권리를 말한다(민법 §320①).

1) 민법상의 유치권

민법상의 留置權(유치권)은 被擔保債權(피담보채권)[113]과 목적물[114]

112) 따라서 숙박업자가 외상 숙박료의 담보로 손목시계를 보관하고 있다가 채무자가 약속한 변제기에 숙박료를 지급하지 않으면 그 시계의 소유권을 숙박업자가 취득할 수 있지만 친구사이에 돈을 빌리면서 담보로 제공한 손목시계에 대해서는 약속한 날짜에 빌린 돈을 갚지 못하면 시계의 소유권을 채권자에게 이전한다는 약속을 친구사이에 하였다 하더라도 이는 민법상 인정되지 않는다.

사이에 일정한 牽連關係(견연관계)[115]를 요건으로 인정한다. 즉, 채권이 그 목적물로 인해서 발생한 경우에 대해서만 유치권을 인정한다(민법 §320①).

예컨대, 갑이 을의 부탁을 받고 을의 송아지를 대신 사육시켜 준 경우 그에 대한 사육료를 받을 때까지 갑은 자신이 사육한 을의 송아지를 돌려주지 않을 수는 있지만 을이 송아지 사육료를 지급하지 않는다고 갑이 을에게 빌려서 점유하고 있던 을의 경운기를 담보로 잡고 반환을 거부할 수는 없다.

2) 상사유치권

(1) 상사유치권이란?

「상사유치권」 이란 상인간의 쌍방적 상행위로 인한 채권이 변제기에 있는 경우 채권자가 자신의 채권을 변제받을 때까지 그 채무자에 대한 상행위로 인하여 그가 점유하고 있는 채무자 소유의 물건 또는 유가증권을 유치할 수 있는 권리를 말하며, 이를 「일반상사유치권」 이라고도 한다.

(2) 상사유치권의 성립요건

상법은 상사유치권의 발생요건을 민법의 경우보다 완화시켜 ① 쌍방

---

113) 「피담보채권」 은 담보물에 의해 담보되어지는 채권으로서 갑이 은행에서 아파트를 담보로 2천만 원을 대출받은 경우 은행이 갑에게 행사할 수 있는 대여금 2천만 원에 대한 상환청구권은 담보물인 아파트에 의해 담보되어지는 피담보채권이 된다.

114) 여기서 「목적물」 은 피담보채권의 변제를 담보하기 위해 채무자 측에서 채권자 측에 제공한 담보물을 말한다.

115) 「견연관계」 란 두 개의 채권이 성립, 이행, 존속에 있어 운명을 같이 하는 관계로서, 예를들면 갑의 주택을 을에게 팔기로 계약을 체결하였으나 사실상 그 계약 체결 이전에 갑의 집이 화재로 소실되어 갑의 주택인도의무가 근본적으로 발생할 수 없는 상황이면 그에 상응하는 을의 대금지급의무도 발생하지 않는 관계를 말한다.

적 상행위에 의해 발생한 채권이 변제기에 있을 때, ② 채권자가 점유하고 있는 채무자 소유의 물건 또는 유가증권에 대하여 유치권을 인정하고 있다(§58).

그러나 후술하는 특수상사유치권의 경우는 채권자가 점유하고 있는 물건이면 유치의 대상으로 인정되고 채무자 소유일 것은 필요로 하지 않는다는 점에서 차이가 있다.

판례 (대법원 2013.02.28. 선고 2010다57350 판결)

상사유치권이 채무자 소유의 물건에 대해서만 성립한다는 것은, 상사유치권은 성립 당시 채무자가 목적물에 대하여 보유하고 있는 담보가치만을 대상으로 하는 제한물권이라는 의미를 담고 있다 할 것이고, 따라서 유치권 성립 당시에 이미 목적물에 대하여 제3자가 권리자인 제한물권이 설정되어 있다면, 상사유치권은 그와 같이 제한된 채무자의 소유권에 기초하여 성립할 뿐이고, 기존의 제한물권이 확보하고 있는 담보가치를 사후적으로 침탈하지는 못한다고 보아야 한다. 그러므로 채무자 소유의 부동산에 관하여 이미 선행저당권이 설정되어 있는 상태에서 채권자의 상사유치권이 성립한 경우, 상사유치권자는 채무자 및 그 이후 채무자로부터 부동산을 양수하거나 제한물권을 설정받는 자에 대해서는 대항할 수 있지만, 선행저당권자 또는 선행저당권에 기한 임의경매절차에서 부동산을 취득한 매수인에 대한 관계에서는 상사유치권으로 대항할 수 없다.

(3) 상사유치권과 유치권배제특약

상사유치권규정은 任意規定(임의규정)이다(§58 단서). 따라서 상사유치권은 당사자 간에 유치권배제특약을 할 수 있으며, 이러한 유치권

배제특약은 명시적이든 묵시적이든 상관없으나[116][117] 단순히 일정기간 물건을 보관했다가 반환하기로 합의하는 것만으로는 유치권배제특약으로 인정받을 수 없다.[118]

판례 (대법원 2012.9.27. 선고 2012다37176 판결)

갑 주식회사에 대한 회생절차에서, 갑 회사에 대한 대출금 채권을 가지고 있던 을 은행이 갑 회사한테서 추심위임을 받아 보관 중이던 병 주식회사 발행의 약속어음에 관한 상사유치권 취득을 주장하며 그 어음금 상당의 채권을 회생담보권으로 신고하자 갑 회사의 관리인이 이를 부인하였는데, 대출금 약정 당시 계약에 편입된 을 은행의 여신거래기본약관에는 '채무자가 채무이행을 지체한 경우, 은행이 점유하고 있는 채무자의 동산 · 어음 기타 유가증권을 담보로 제공된 것이 아닐지라도 계속 점유하거나 추심 또는 처분 등 처리를 할 수 있다'는 취지의 조항이 있는 사안에서 추심위임약정만으로 위 어음에 관한 유치권 배제의 묵시적 약정이 있었다고 볼 수는 없다. 따라서 을 은행은 상사유치권을 행사할 수 있다.

(4) 특별상사유치권

상법상 대리상(§91), 위탁매매인(§111), 운송주선인(§120), 운송인(§147, 800②) 등의 경우는 일반상사유치권보다 그 성립요건을 다음과

---

116) 정찬형, 상법강의(상), 박영사, 2000, 203~204쪽; 손주찬, 상법(상), 박영사, 2001, 247쪽 참조.

117) 묵시적으로 유치권배제특약이 인정되기 위해서는 객관적으로 유치권배제특약이 있었다고 보는 것이 합리적이라고 판단되는 경우로서 위탁매매인이 목적물을 판매하지 않고 유치하는 것은 신의칙상 인정되지 않는 것이므로 이러한 경우는 유치권배제특약이 묵시적으로 존재하는 것으로 볼 수 있다.

118) 이상수, 앞의 책, 125쪽 참조.

같이 완화시키는 특별상사유치권을 규정하고 있다.

代理商(대리상)과 委託賣買人(위탁매매인)의 유치권은 피담보채권과 목적물 사이의 견연성을 요구하지 않는다는 점에서 일반상사유치권과 동일하고, 목적물이 채무자의 소유가 아니라도 무방하다는 점에서 민사유치권과 유사하다.

그러나 運送周旋人(운송주선인)과 운송인의 상사유치권의 경우는 피담보채권과 목적물 사이의 견연성을 요구하는 점에서는 민사유치권과 같은 성격을 가지지만 상인간의 상행위로 인한 채권관계에만 적용된다는 점이 민사유치권과 구별된다.

특별상사유치권에 대한 유치권배제특약은 대리상과 위탁매매인의 경우는 이에 대한 내용을 명문으로 규정을 하고 있어 일반상사유치권의 경우와 동일하게 인정되는 것으로 해석이 되는데, 운송주선인과 운송인의 경우는 이에 대한 명확한 규정이 없어 명확하지는 않지만 유치권은 채권자를 보호하기 위한 목적으로 인정된다는 입법취지로 미루어 보아 이 경우도 유치권배제특약이 인정되는 것으로 해석하는 것이 바람직하다고 해석된다.

(5) 상사유치권의 소멸

상사유치권은 피담보채권의 소멸·양도, 목적물의 멸실, 채권자가 목적물에 대한 점유를 상실한 때, 유치권자의 의무위반에 대한 채무자의 유치권소멸청구가 있는 때, 채무자가 상당한 담보를 제공하고 유치권의 소멸을 청구한 때 등의 사유가 있는 경우는 유치권이 소멸한다.

Ⅲ. 민법 채권편에 대한 특칙

1. 상행위의 유상성

민법상 타인을 위하여 한 행위는 無償(무상)이 원칙이지만(민법 §686, §701, §707), 상인은 영리의 추구를 궁극적인 목적으로 하는 존재이기 때문에 상인의 행위에는 당연히 영리추구의 목적이 수반되는 것으로 상법이 보호하고 있는데, 이러한 상행위의 대가성을 「상행위의 유상성」이라고 한다.

즉, 상인의 행위에 대하여는 대가에 관한 특약이 없어도 당연히 상법에 의해 그에 대한 대가성이 인정된다. 상법상 인정되는 구체적인 상행위의 대가성에 관한 규정은 보수청구권, 법정이자청구권, 법정이율 등이 있다.

1) 보수청구권

상인의 행위는 이윤추구를 목적으로 하기 때문에 대가성, 즉 有償性(유상성)이 인정된다. 따라서 상인은 자신의 영업 범위 내에서 타인을 위하여 일정한 행위를 한 경우에는 특별한 약정이 없어도 그에 대한 보수를 청구할 수 있다(§61).[119]

그러나 당사자 간에 상인의 보수청구권 배제특약을 하였거나 민법상 受任人(수임인)은 특별한 약정이 없는 한 委任人(위임인)에 대하여 보수를 청구할 수 없다(민법 §686①).

---

119) 여기서 「영업의 범위 내의 행위」란 영업으로 한 행위(기본적 상행위)뿐만 아니라 영업을 위하여 하는 행위(보조적 상행위)도 포함되며, 채무의 보증이나 환어음의 인수와 같은 법률행위 및 사실행위도 포함된다.

판례 (대법원 2007.9.20. 선고 2006다15816 판결)

상법 제61조는 상인이 그 영업범위 내에서 타인을 위하여 행위를 한 때에는 이에 대하여 상당한 보수를 청구할 수 있다고 규정하고 있는 바, 이는 타인을 위하여 어떠한 행위를 하여도 특약이 없으면 보수를 청구할 수 없다는 민법 제686조, 제701조의 규정과 달리, 상인의 행위는 영리를 목적으로 하고, 영업범위 내에서 타인을 위하여 노력을 제공한 때에는 그 보수를 기대하고, 이로 인하여 이익을 얻은 자는 응분의 보수를 지급하는 것이 상거래의 통념에 부합한다고 보아서 인정되는 규정이므로, 당사자 사이에 이를 배제하는 특약이 있는 경우에는 적용되지 않는다.

그러나 용역계약의 보수지급약정을 일정한 조건 성취를 전제로 한 성공보수금으로 약정한 경우 그 조건이 성취되지 아니하여 채권자가 성공보수금의 청구를 할 수 없는 이상 별도의 보수도 청구할 수 없다고 해석함이 위 보수지급약정의 반대해석에 비추어 당연하고, 따라서 당사자 사이의 이와 같은 성공보수약정은 상법 제61조에 의한 상인의 보수청구권을 배제하는 특약으로 봄이 상당하다.

2) 법정이자청구권

상인이 영업의 범위 내에서 타인을 위하여 금전을 替當(체당)하거나 금전을 대여한 경우는 상대방이 상인이든 비상인이든 무관하게 특별한 약정이 없어도 법정이자를 청구할 수 있다(§55).

그러나 민법은 事務管理(사무관리)의 경우 費用償還請求權(비용상환청구권)만 인정하고 替當金(체당금)에 대한 利子請求權(이자청구권)은 인정하지 않고 있다(민법 §739).

여기서 「타인」에는 非商人(비상인)도 포함되며, 「체당」이란 소비대차 이외에 타인의 채무변제를 위한 금전지급을 말한다.

3) 법정이율

利率(이율)에 관한 특별한 약정이 없는 한 민법상 이자 있는 채권의 법정이율은 연 5%로 규정하고 있으나(민법 §379), 상행위로 인한 채무[120]의 法定利率(법정이율)은 연 6%로 규정하여(§54) 법정이율에 있어서도 상행위의 有償性(유상성)을 인정하고 있다.

상법은 이와 같이 법정이율을 민법상 법정이율보다 높게 규정하고 있지만 당사자 간의 약정에 의한 이율의 한도에 대해서는 구체적인 정함이 없다. 따라서 이러한 경우는 이자제한법에 의해 약정이율은 년 30%를 초과할 수 없는 것으로 보아야 한다(이자제한법 §2①).

2. 청약의 효력에 관한 특칙

1) 대화자 간의 청약

민법은 대화자 간의 請約(청약)의 효력에 대하여 특별한 규정을 두지 않고 있으나, 상법은 대화자 간에 청약을 받은 자가 즉시 承諾(승낙)하지 않으면 당연히 그 청약은 효력을 상실한다고 규정하고 있다(§51).[121]

---

120) 여기서 「상행위로 인한 채무」란 직접 상행위로 인하여 발생한 채무 이외에 그 변형으로 인정되는 경우, 즉 상행위로 인하여 발생한 채무의 불이행으로 인한 손해배상 또는 계약해제의 경우의 원상회복의무 등과 같은 상행위로 인한 채무가 변형된 것으로서 실질적으로 이것과 동일성을 가진 것 까지 포함하는 것으로 해석된다. 그러나 불법행위로 인한 손해배상채무에 관하여는 상사법정이율이 인정되지 않는다.

121) 이는 상거래관계의 신속성과 확정성을 확보하기 위한 상법의 특성으로 해석된다.

2) 청약을 받은 상인의 의무

(1) 낙부통지의무

상법은 상인이 常時去來關係(상시거래관계)에 있는 상대방으로부터 자신의 영업부류에 속하는 계약의 청약을 받은 때에는 지체없이 승낙여부에 대한 통지를 하도록 규정하고 있는데, 청약을 받은 상인이 부담하는 상법상 의무를 「諾否通知義務(낙부통지의무)」라 한다. 상인이 이러한 낙부통지의무를 게을리 하면 그 청약에 대하여 승낙한 것으로 본다(§53).[122)]

그러나 민법에서는 이러한 의무를 규정하지 않고 있으며, 민법상 계약의 청약은 청약자로 하여금 철회하지 못하도록 하여 구속할 뿐이고, 청약을 받은 상대방의 청약에 대한 승낙 여부는 자유의사에 의해 결정하면 될 뿐 전혀 승낙여부에 대한 통지의무는 부담하지 않는다(민법 §527).

(2) 물건보관의무

상인이 자신의 영업부류에 속하는 계약의 청약과 동시에 견품 기타 목적물의 전부 또는 일부를 받고 그 청약을 거절한 경우에도 청약자의 비용으로 그 물건을 보관할 의무를 부담한다(§60). 계속적 거래관계에 있는 상인이 당연히 승낙을 할 것이라고 믿고 견품 등을 청약자가 발송한 경우 상대방은 청약자에 대한 상도례상 그 청약에 대하여 승낙을

---

122) 민법상 일반적으로 청약에 대한 승낙이 없으면 계약이 성립되지 않는 것이 원칙이지만 상법에서는 상거래의 신속성을 보장하기 위해 계속적인 거래관계자 간에는 묵시적인 승낙에 의한 계약의 성립을 인정함으로써 거래의 절차를 간소화 하려는 목적으로 이러한 상인의 「낙부통지의무」를 규정한 것으로 해석된다.

하지 않더라도 청약자가 그 견품 등을 회수해 갈 때까지 보관해 줌으로서 계속적 거래관계에 있는 당사자 간의 신뢰관계를 계속 유지할 수 있으며, 나아가 원활하고 지속적인 상거래관계가 유지될 수 있다.

3. 채무의 이행 및 청구시기

민법은 채무의 이행 및 청구시기에 대하여 특별한 규정이 없으나 상법은 법령 또는 慣習(관습)에 의하여 영업시간이 정해져 있는 경우에는 채무의 이행 및 청구는 그 영업시간 내에 하여야 한다고 규정하고 있다(§63).

이는 민법상 채무자는 일정한 거주지가 정해 져 있는 것이 보통이기 때문에 채권의 청구시기에 관한 지정이 별 의미가 없지만, 상인의 경우는 대부분 상인 자신의 사생활을 위한 공간과 영업을 위한 공간이 분리되어 있는 경우가 많고 활동 시간대 또한 정해져 있는 경우가 대부분이므로 상인에 대한 채권의 청구는 그 시기를 제한하는 것이 합리적이라고 해석된다.

4. 다수당사자 간의 채무관계

1) 상법상 다수채무자 간의 연대책임

민법은 동일한 채무에 대하여 채무자가 여러 명 있는 경우 특별한 의사표시가 없으면 여러 명의 채무자들이 균등하게 분할변제책임을 부담하는 것을 원칙으로 하고 있으나(민법 §408), 상법은 상사채무의 이행을 확실하게 하고 거래의 안전을 보장하기 위해 여러 명이 그 1인 또는 전원에게 상행위가 되는 행위로 인한 채무를 부담하는 경우[123)]

連帶責任(연대책임)을 인정하고 있다(§57①).

이때 「1인 또는 전원」은 채무자의 입장에 있어야 하고, 채무자 중 적어도 1명은 상인이어야 하며, 채권자의 상행위에만 해당되는 경우는 적용되지 않는다. 또한 이 규정은 임의규정이므로 당사자 간의 특약이 있으면 적용되지 않는다.

2) 상법상 보증인의 연대책임

민법에 의하면 특약이 없는 한 보증인은 2차적 변제책임만 부담한다. 따라서 보증인에 대하여 催告(최고) 및 檢索(검색)의 抗辯權(항변권)을 인정하고 있다(민법 §437).

그러나 상법상 보증이 상행위[124]에 해당하거나 主債務(주채무)가 상행위로 인해 발생한 경우는 주채무자와 보증인은 연대하여 변제할 책임이 있다(§57②).

5. 상사매매에 인정되는 특칙

1) 상사매매란?

상인과 상인간의 상행위, 즉 쌍방적 상행위에 의한 매매를 「商事賣買(상사매매)」라 하며, 이때 상행위는 기본적 상행위와 보조적 상행위를 모두 포함한다.

---

123) 예컨대, 상업을 공동으로 경영하는 여러 명(동업자)이 영업상 채무를 부담하는 경우, 여러 명의 동업자가 영업을 위해 외상으로 자제를 매입한 경우 그에 대한 물품대금채무를 부담하는 경우 등이 이에 해당한다.

124) 예컨대, 은행의 지급보증이나 보증보험 등이 이에 해당한다.

2) 상사매도인의 공탁권과 경매권의 선택적 행사

상사매매에 있어서 買受人(매수인)이 목적물의 수령을 거절하거나 수령할 수 없는 경우 賣渡人(매도인)은 그 목적물에 대하여 供託權(공탁권)이나 競賣權(경매권)[125]을 선택적으로 행사할 수 있으며, 법원의 허가 없이 경매가 가능하다(§67①).

매도인이 목적물을 경매한 경우 그 대금은 공탁하여야 하지만 매매대금으로 충당할 수 있다(§67③).[126] 따라서 상사매도인은 이를 통해 상사매매를 신속하게 해결하고 영리목적도 쉽게 달성할 수 있게 된다.[127]

그러나 민법에 의하면 매수인이 목적물의 수령을 거절하거나 수령할 수 없는 경우는 매매의 목적물을 공탁하는 것이 원칙이며, 법원의 허가를 얻어야만 경매할 수 있어 매도인의 권리행사에 관한 법적 절차가 매우 복잡하다.[128]

3) 상사매수인의 목적물 검사 및 하자통지의무

---

125) 이를 「자조매각권」 이라고도 하는데, 이를 행사하기 위해 상사매도인은 상당한 기간을 정해 상사매수인에게 최고한 후에 경매를 할 수 있으며, 경매를 실시한 경우는 지체 없이 매수인에게 그에 대한 통지를 발송하여야 한다(§67①).

126) 이는 상사매매의 신속성 확보를 위해 민법과 달리 상법이 상사매도인의 권리행사 절차를 간소화하기 위해 인정한 것으로 해석된다.

127) 예컨대, 상사매매계약이 체결된 후 매매목적물의 가격이 급격하게 하락하거나 하락할 가능성이 있는 경우 매수인은 그 목적물의 수령을 기피할 수 있다. 따라서 이에 대하여 매도인을 보호하기 위해서는 이러한 경매권을 인정하여야 할 필요성이 있다.

128) 민법상 경매권을 행사하기 위해서는 ① 목적물이 공탁에 적합하지 않거나, ② 목적물이 멸실 또는 훼손될 염려가 있거나, ③ 목적물의 공탁에 과다한 비용이 필요한 경우 辨濟者(변제자)는 법원의 허가를 얻어 목적물을 경매할 수도 있고, 시가로 放賣(방매)하여 그 대금을 공탁할 수도 있다(민법 §490)

매매의 목적물에 하자가 있거나 수량이 부족한 경우 매도인은 하자담보책임을 지고 매수인은 대금감액청구권을 행사할 수 있으며, 선의의 매수인은 그 계약에 대하여 解除權(해제권) 및 손해배상청구권을 행사할 수 있는데, 해제권을 행사한 경우 민법에 의하면 原狀回復義務(원상회복의무)가 발생하는 것이 원칙이다(민법 §572, 574, 580, 548, 551)[129].

그러나 상법은 상사매매의 경우 민법에 대한 특칙을 두고 매수인이 상사매매의 목적물을 수령한 경우 지체없이 검사하고, 그 결과 목적물에 대한 하자 또는 수량부족을 발견한 경우는 즉시 매도인에게 그 내용을 통지하여야 하며, 즉시 발견이 불가능한 하자의 경우는 목적물의 수령 후 6월 이내에 그 하자를 발견하여 통지하도록 하고 있다(§69①).[130]

이 의무를 위반한 경우 매도인이 악의인 경우를 제외하고 매수인은 그 하자로 인한 代金減額請求權(대금감액청구권), 契約解除權(계약해제권), 損害賠償請求權(손해배상청구권) 등을 행사할 수 없게 된다.

그러나 민법상의 매매에서는 이러한 목적물 검사의무 및 하자통지의무를 규정하지 않고 있다.

4) 상사매수인의 보관 · 공탁 · 경매의무

민법상의 매매에 있어서 매매목적물의 하자 또는 수량 부족을 이유로 매수인이 계약을 해제하는 경우 매수인은 원상회복의무로서 그 목

---

129) 이러한 권리는 매수인이 악의인 경우는 계약 시부터 1년 내에, 선의인 경우는 그 사실을 안 날로부터 1년 내에 행사할 수 있다(§573).

130) 기계 등 공산품의 경우는 제품의 특성상 목적물의 하자를 즉시 발견하기가 어려운 경우가 많다.

적물의 반환의무를 부담할 뿐이다(민법 §548).

그러나 상법은 이에 대한 특칙을 규정하여 隔地者(격지자) 간의 상사매매[131)]에서 매매목적물의 하자 또는 수량 부족을 이유로 매수인이 계약을 해제하는 경우 매도인의 비용으로 매수인이 목적물을 보관하거나 공탁하여야 하며(§70①), 그 목적물이 멸실 또는 훼손될 우려가 있거나 초과된 수량의 경우는 법원의 허가를 얻어 경매하여 그 대가를 보관 또는 공탁하고 지체 없이 매도인에게 그 사실을 통지하여야 한다(§70②). 따라서 매매목적물의 하자 또는 수량 부족을 이유로 계약을 해제하는 경우, 민법상 매매의 경우는 매수인이 목적물반환의무만 부담하면 되는데 반해, 상사매매의 경우는 매수인이 목적물의 보관의무, 공탁의무 및 경매의무를 부담하게 된다.[132)] 상사매매에 있어서 매수인이 이러한 원칙을 위반하는 경우는 매도인에 대하여 손해배상책임을 부담하게 된다.

5) 확정기매매의 해제에 관한 특칙

(1) 확정기매매란?

「확정기매매」란 매매의 성질 또는 당사자의 의사표시에 의하여 일정한 시기 또는 일정한 기간 내에 이행하지 않으면 계약의 목적을 달성할 수 없는 정기행위의 일종을 말한다(§68).

---

131) 목적물의 인도장소가 매도인의 영업소 또는 주소와 동일한 특별시 · 광역시 · 시 · 군에 있는 경우는 매도인이 즉시 적절한 조치를 취할 수 있기 때문에 매수인의 목적물 보관 · 공탁 등의 의무가 발생하지 않는 것이 원칙이다(§70③). 그러나 매도인과 매수인이 동일지역에 있는 경우라도 타 지역으로 목적물을 보내야 하는 경우에는 격지자 간의 매매로 본다.

132) 이러한 상법상의 특칙은 매도인을 보호하여 매도인이 적극적인 상거래활동을 할 수 있도록 보장하고 나아가 원활한 상거래의 활성화를 확보하기 위한 것으로 해석된다.

판례 (대법원 2009.7.9. 선고 2009다15565 판결)

상법 제68조에 정한 상인간의 확정기매매의 경우 당사자의 일방이 이행시기를 경과하면 상대방은 이행의 최고나 해제의 의사표시 없이 바로 해제의 효력을 주장할 수 있는 바, 상인간의 확정기매매인지 여부는 매매목적물의 가격 변동성, 매매계약을 체결한 목적 및 그러한 사정을 상대방이 알고 있었는지 여부, 매매대금의 결제 방법 등과 더불어 이른바 C.I.F. 약관과 같이 선적기간의 표기가 불가결하고 중요한 약관이 있는지 여부, 계약 당사자 사이에 종전에 계약이 체결되어 이행된 방식, 당해 매매계약에서의 구체적인 이행 상황 등을 종합하여 판단하여야 한다.

따라서 계약 당사자 사이에 종전에 계약이 체결되어 이행된 방식, 당해 매매계약에서의 구체적인 이행 상황 등에 비추어 볼 때, 가격변동이 심한 원자재를 계약 목적물로 한 국제 중개무역이라는 사유만으로는 상법 제68조에 정한 상인간의 확정기매매에 해당한다고 볼 수 없다.

(2) 민법상 확정기매매에 관한 원칙

민법상의 定期行爲(정기행위)에 있어서 채무자가 履行遲滯(이행지체)에 빠진 경우 채권자는 催告(최고)의 절차 없이 별도의 의사표시만으로 해제가 가능하다(민법 §545). 이는 불필요한 해제절차를 생략함으로써 원활한 거래의 활성화를 도모하려는 입법 취지로 해석된다.

(3) 상법상 확정기매매에 관한 특칙

상인 간의 確定期賣買(확정기매매)에 있어서는 이행기에 채무의 이행이 없으면 최고절차 뿐만 아니라 의사표시가 없어도 당연히 이행기에 해제된 것으로 보며, 만일 상대방이 계약의 존속을 원하는 경우는 즉시 이행의 청구를 하여야 한다(§68).

이러한 상법상의 특칙은 민법상의 해제절차보다도 더욱 해제절차를 간략하게 정함으로써 상거래관계를 신속하게 확정지우고 원활한 상거래활동을 보장하기 위한 것으로 해석된다.

판례 (대법원 2003.04.08. 선고 2001다38593 판결)

상인 사이에 이루어진 선물환계약은 그 약정 결제일에 즈음하여 생길 수 있는 환율변동의 위험(이른바, 환리스크)을 회피하기 위하여 체결되는 것으로서 그 성질상 그 약정 결제일에 이행되지 않으면 계약의 목적을 달성할 수 없는 상법 제68조 소정의 확정기매매라 할 것이고, 그 계약 불이행으로 인한 손해배상액의 산정에 관한 미화 1$당 원화의 환율은, 그 계약이 약정결제일 전에 이미 해제되었다는 등의 특수한 사정이 없는 이상, 원래 약정되었던 결제일 당시의 환율을 기준으로 하여야 한다.

선물환계약이란 장래의 일정기일 또는 기간 내에 일정금액, 일정종류의 외환을 일정환율로써 교부할 것을 약정하는 계약으로서 그에 기한 채권은 금전채권이므로 그 당사자들은 민법 제397조 제2항에 의하여 계약불이행에 대하여 과실 없음을 들어 항변할 수 없다.

Ⅳ. 상호계산

1. 상호계산이란?

계속적인 거래관계에 있는 당사자가 일정기간 내의 거래에서 생기는 채권·채무의 총계를 相計(상계)하고, 그 잔액을 지급할 것을 내용으로 하는 계약을 「相互計算(상호계산)」이라 하는데, 이를 「簡易決濟制度(간이결제제도)」라고도 한다(§72).

상호계산의 당사자는 적어도 일방은 상인이어야 한다. 따라서 이러한 계약은 상인이 영업을 위하여 하는 보조적 상행위에 해당한다.[133]

2. 상호계산의 목적물과 기간

상호계산의 목적물은 당사자 간의 일정한 기간 내의 거래에서 발생한 금전채권·채무에 한정된다.

따라서 금전채권 이외의 채권은 일괄상계에 부적당하므로 상호계산의 대상이 될 수 없고, 즉시 이행되어야 할 채권이나 유가증권상의 권리와 같이 증권에 의한 특수한 권리행사를 요하는 채권도 상호계산의 목적물이 될 수 없다.[134]

상호계산기간은 당사자의 합의로 정하는 것이 원칙인데, 이에 대한 당사자 간의 정함이 없는 경우는 상법에 의해 상호계산기간은 6개월로 한다(§74).

판례 (대법원 1986.07.22. 선고 84다카1481 판결)

당좌거래에 있어서 은행의 계산관행이라고 설시하고 있는 이른바 단계상호계산방식이라는 것이 당좌거래에 있어서 고객의 당좌구좌에 입금된 금액은 당좌차월 약정기간의 만료로 인한 기말결산을 기다릴 필요

133) 왜냐하면 거래당사자 양쪽이 모두 비상인인 경우는 상법이 적용되지 않기 때문에 상법상 상호계산에 해당하지 않게 된다.

134) 그러나 어음 기타의 상업증권을 수수한 대가지급의 채무는 상호계산의 목적물이 된다.

없이 수시로 당좌차월채무의 변제에 충당하는 것이 은행의 계산방식이라는 취지라면 이를 단계상호계산방식이라고 이름을 붙였든지, 아니든지 일응 수긍이 가나 위 계산관행의 구체적 내용 특히 어느 시점에 변제충당의 효과가 발생하는가 즉 입금되는 즉시 변제에 충당되는가 아니면 입금되는 당일의 마감시간에 그날의 입금 및 출금을 정산하여 잔액이 있으면 그 한도내에서 변제에 충당되는가의 여부는 증거에 의하여 확정하여야 할 것이고, 이른바 단계상호계산방식이 은행계산 관행이라고 하여 입금즉시 자동채권이 소멸하였다고는 볼 수 없다 할 것이다.

3. 상호계산의 법적 효력

상호계산의 법적 효력은 상호계산 중의 효력인 「소극적 효력」과 상호계산기간 경과 후의 효력인 「적극적 효력」으로 나누어진다.

1) 소극적 효력

(1) 상호계산불가분의 원칙

상호계산기간 중에는 상거래관계에서 발생한 모든 채권·채무가 계산에 一括計入(일괄계입)되어 각 채권은 그 독립성을 잃게 된다.

따라서 개개의 채권을 양도 또는 담보로 제공할 수 없으며, 압류도 불가능하다. 그러나 각 채권의 존재 자체에는 변경이 없으므로 이 기간 중에도 확인소송을 제기하거나 해제권 등의 원계약상의 권리행사는 가능하다.[135]

---

135) 상호계산불가분의 원칙에 관한 효력이 제3자에 대하여도 인정되느냐에 관한 문제에 대해서는 제3자에 대해서도 효력을 인정해야 한다는 「긍정설(절대적 효력설)」과 제3자에 대해서는 효력을 인정할 수 없다는 「부정설(상대적 효력설)」이 대립하고 있는데, 생각건대, 상호계산에 관한 상법규정은 상법의 일반 원칙이고, 상호계산 자체가 사

(2) 상호계산불가분의 원칙의 예외

어음 기타 商業證券(상업증권)을 수수한 대가로서의 채권·채무를 상호계산에 計入(계입)한 경우 그 증권의 채무자가 후에 증권상의 채무를 변제치 않으면 예외적으로 그 대가에 대한 항목은 상호계산에서 제외할 수 있다(§73).

2) **적극적 효력**

(1) 잔액지급채무의 확정

상호계산기간 경과 후에 당사자들이 상호 제시한 계산서의 내용을 상호 승인하면 殘額支給債務(잔액지급채무)가 확정된다.

잔액지급채무의 확정은 일반적으로 상호계산 당사자 일방이 채권·채무의 각 항목과 상계잔액을 기재한 계산서를 상대방에게 제출하고 상대방이 이를 승인하는 방법으로 이루어진다.[136]

(2) 잔액채권의 효력

잔액채권이 확정되면 당사자는 각 항목의 개별적 하자를 이유로 이의를 제기하지 못하며(§75),[137] 확정된 잔액채권에 대한 시효는 잔액채권이 확정된 때로부터 별도로 진행된다.

상계로 인한 잔액에 대하여 채권자는 계산폐쇄일 이후의 법정이자를

적주체에 의해 성립하는 사적계약이므로 당사자 간에는 그 효력이 미치는 것이 당연하지만 선의의 제3자에 대하여 사적주체 간의 합의에 의해 성립된 법률효과를 인정한다는 것은 기본적인 법원리에도 적합하지 않고 선의의 제3자 보호 차원에서도 동의하기 어렵다.

136) 이때 계산서의 승인방법은 명시적 방법이든 묵시적 방법이든 무관하다.

137) 계산서에 대한 승인이 있으면 각 항목에 대한 이의를 제기할 수 없는 것이 원칙이지만 계산에 착오나 탈루가 있는 경우는 이의를 제기할 수 있다(§75 단서).

청구할 수 있는데, 이는 임의규정이기 때문에 당사자 간의 약정으로 각 항목을 상호계산에 계입한 날부터 이자를 계산할 수 있다(§76).

3. 상호계산의 종료

1) 일반적 종료사유

상호계산은 존속기간, 즉 상호계산기간의 만료, 해지 기타 계속적 계약의 일반적 종료원인에 의해 종료한다.

존속기간은 상호계산기간과 구분하여야 하는데, 존속기간은 상호계산을 종료시키는 효력이 있고, 상호계산기간은 그 만료에 의해 상호계산의 잔액을 확정시키는 효력이 있으나 상호계산을 종료시키는 효력은 없다.

2) 특별 종료사유

각 당사자는 언제든지 상호계산을 해지할 수 있도록 상법이 규정하고 있으므로(§77) 상호계산은 당사자의 해지에 의해서도 종료하고[138], 당사자 일방이 파산선고를 받거나 회생절차가 개시되는 경우도 상호계산은 종료한다(채무자회생및파산에관한법률 §311, §49③).

3) 상호계산 종료의 효과

계약이 종료하면 당사자는 즉시 계산을 폐쇄하고 잔액의 지급을 청구할 수 있다(§77).

---

138) 이러한 경우는 당사자 간의 신용상에 문제가 발생하거나 상호계산의 부적합 사유가 발생한 것으로 보아 즉시 계산을 폐쇄하고 잔액의 지급을 청구할 수 있다.

V. 익명조합

1. 익명조합이란?

「匿名組合(익명조합)」은 당사자의 일방인 익명조합원이 상대방인 영업자의 영업을 위하여 출자를 하고, 상대방이 영업으로 인한 이익을 분배해 줄 것을 약정하는 계약(§78)으로서 대외적으로는 영업자의 단독영업만으로 나타나는 보조적 상행위이다.

익명조합은 익명조합원이 출자한 재산이 영업자의 소유로 귀속되는 것이고, 영업자가 익명조합원의 재산을 보관하는 자의 지위에 있는 것이 아니다. 이러한 점에서 익명조합은 조합과 구분된다.[139]

판례 (대법원 2011.11.24. 선고 2010도5014 판결)

피고인이 갑과 특정 토지를 매수하여 전매한 후 전매이익금을 정산하기로 약정한 다음 갑이 조달한 돈 등을 합하여 토지를 매수하고 소유권이전등기는 피고인 등의 명의로 마쳐 두었는데, 위 토지를 제3자에게 임의로 매도한 후 갑에게 전매이익금 반환을 거부함으로써 이를 횡령하였다는 내용으로 기소된 사안에서, 갑이 토지의 매수 및 전매를 피고인에게 전적으로 일임하고 그 과정에 전혀 관여하지 아니한 사정 등에 비추어, 비록 갑이 토지의 전매차익을 얻을 목적으로 일정 금원을 출자하였더라도 이후 업무감시권 등에 근거하여 업무집행에 관여한 적이 전혀 없을 뿐만 아니라 피고인이 아무런 제한 없이 재산을 처분할 수 있었음

139) 따라서 영업자가 영업이익을 임의로 소비하더라도 횡령죄가 성립하지 않는다.

이 분명하므로 피고인과 갑의 약정은 조합 또는 내적 조합에 해당하는 것이 아니라 '익명조합과 유사한 무명계약'에 해당한다고 보아야 한다는 이유로, 피고인이 타인의 재물을 보관하는 자의 지위에 있지 않기 때문에 횡령죄는 성립하지 않는다.

판례 (대법원 2009.4.23. 선고 2007도9924 판결)

익명조합원이 영업을 위하여 출자한 금전 기타의 재산은 상대편인 영업자의 재산으로 되기 때문에 그 영업자는 타인의 재물을 보관하는 자가 아니며, 상법 제78조가 규정하는 익명조합관계는 당사자의 일방이 상대방의 영업을 위하여 출자하고 상대방은 그 영업으로 인한 이익을 분배할 것을 약정함으로써 그 효력이 생기는 것이므로, 당사자 사이에 영업으로 인한 이익을 분배할 것이 약정되어 있지 않는 이상 그 법률관계를 익명조합관계라고 할 수 없다.

2. 당사자 간의 법률관계(대내적 효력)[140]

1) 익명조합원의 권리와 의무

(1) 익명조합원의 출자의무

익명조합원은 계약의 내용에 따라 출자하여야 하며(§78)[141], 익명조합원이 출자한 재산은 영업자[142]의 소유로 귀속된다.[143] 따라서 익명

140) 이는 익명조합계약의 당사자, 즉 익명조합원과 영업자 간에 발생하는 효력을 말한다.

141) 익명조합원의 출자는 금전 기타의 재산에 한정되며, 노무 또는 신용의 출자는 인정되지 않는다(§86, 272).

142) 익명조합원은 상인이든 아니든 상관이 없지만 영업자는 상인이어야 한다.

143) 익명조합원이 출자한 재산의 종류에 따라 부동산은 소유권이전등기, 동산은 인도, 차

조합은 외관상 영업자의 단독영업으로 나타난다(§79).

(2) 익명조합원의 이익배당청구권

익명조합원은 계약에 정한 바에 따라 영업자에 대하여 이익배당을 청구할 수 있는데, 이는 익명조합원의 출자의무에 대한 대가적 권리로서 익명조합원이 영업자에 대하여 가지는 가장 본질적인 권리이기도 하다. 그러나 출자가 손실로 감소된 경우는 후년도의 이익이 있더라도 이를 塡補(전보)한 후에 이익배당을 청구할 수 있다.[144)]

이익분배비율은 당사자 간의 합의로서 익명조합계약에서 정하는 것이 원칙이지만 당사자 간에 이에 대한 약정이 없는 경우는 출자비율에 의해 결정하게 된다. 그러나 이익이나 손실분담율만 정한 경우는 이익과 손실에 공통된 것으로 추정한다(민법 §711 ②)[145)].

(3) 익명조합원의 업무감시권

익명조합원은 영업시간 내에 한하여 貸借對照表(대차대조표), 會計帳簿(회계장부) 등의 서류를 열람함으로써 영업자의 업무와 재산상태를 검사·감시할 수 있다.[146)]

이는 익명조합원은 출자의무만 부담하고 성질상 경영에 직접 참여할

량·선박 등은 등록의 방법으로 재산권의 이전을 하여야 한다. 익명조합계약은 유상계약에 해당하므로 이러한 출자재산에 대한 하자에 대해서는 익명조합원이 담보책임을 부담한다.

144) 이익배당청구는 이익이 존재하는 경우에만 행사가 가능하며, 당해 년도에 이익이 발생하였더라도 전년도에 손실이 있었다면 그 손실을 충당 후에 잔여 이익이 존재하여야 배당청구가 가능하다. 이익의 존재 유무는 원칙적으로 영업연도를 표준으로 결정하지만 영업연도에 관한 특약이 없으면 1년으로 보아야 한다(§30② 참조).

145) 예컨대, 이익배당에 관한 비율을 익명조합계약에서 정하지 않고 손실분담율만 정한 경우는 그 손실분담율과 같이 이익배당을 청구할 수 있다.

146) 그러나 중요한 사유가 있는 경우는 익명조합원은 법원의 허가를 얻어 영업시간 내가 아니라도 회계장부, 대차대조표, 기타 서류를 열람·검사할 수 있다(§ 86, 277).

수 없기 때문에 자신이 출자한 재산을 보호할 수 있도록 합자회사의 유한책임사원과 동일한 감시권이 인정된다(§86, 277).

(4) 익명조합원의 손실분담의무

영업자의 영업손실[147] 및 그 분담지분은 당사자 간의 특약으로 정할 수 있으며(§82①), 이에 대한 특약이 없으면 이익분배비율과 같이 손실을 분담하는 것으로 추정한다(민법 §711②).

그러나 익명조합원은 반드시 손실분담의무를 부담해야 하는 것은 아니고, 당사자 간의 특약으로 손실분담에 관한 약정을 할 수 있는데, 만약 당사자 간에 손실분담에 관한 정함이 없는 경우는 형평의 원칙에 따라 익명조합원이 손실분담에 관하여 인정한 것으로 추정한다.[148][149]

2) 영업자의 의무

(1) 영업수행의무

영업자는 계약에 따라 선량한 관리자의 注意義務(주의의무)를 준수하여 영업을 수행하여야 한다. 왜냐하면 영업자는 익명조합원의 재산을 출자받아 관리하는 지위에 있지만 익명조합원이 그 재산의 관리에 직접 개입할 수 없기 때문이다.

(2) 이익분배의무

영업자는 그 영업으로부터 발생한 이익을 계약에 따라 익명조합원에

---

147) 여기서 「손실」이란 각 영업연도의 영업상 감소된 재산의 가액을 말한다.

148) 이에 대한 반대의 주장도 있으나 현재로서는 익명조합원의 손실분담을 인정하는 것이 통설의 입장이다.

149) 따라서 익명조합계약을 체결하는 경우 익명조합원 입장에서 손실분담을 원치 않는 경우는 반드시 당사자 합의로서 손실에 관하여 분담하지 않는다는 내용을 명시적으로 표시하는 것이 분쟁을 방지하기 위해 필요하다.

게 분배하여야 하며, 이익의 비율 및 분배시기에 관한 특약이 없는 경우 이익분배 비율은 출자비율에 의하고, 분배시기는 매 영업연도를 기준으로 하여 1년 단위로 분배하는 것으로 보는 것이 타당하다.

(3) 영업상태 개시의무

익명조합원이 영업의 상태를 파악할 수 있도록 영업관련 서류의 열람을 허용해야 할 營業狀態開示義務(영업상태개시의무)를 부담한다.

이는 익명조합원의 업무감시권을 보호하기 위해 인정되는 영업자의 의무이다.

(4) 경업금지의무

善管者注意義務(선관자주의의무)로 영업해야 하는 영업자의 競業避止義務(경업금지의무)에 대한 법률규정은 없으나 익명조합원의 출자재산을 영업자가 관리하는 형태의 익명조합의 특성으로 보아 영업자의 경업금지의무를 인정하는 것이 타당하며, 이는 통설의 입장이다.

3. 대외적 법률관계[150]

1) 익명조합원과 제3자의 관계

원칙적으로 익명조합원과 제3자 사이에는 아무런 법률관계도 발생하지 않는다(§80). 다만 익명조합원이 그 성명을 영업자의 상호 중에 사용하거나 익명조합원의 상호를 영업자의 영업에 사용토록 허락한 경우에는 그 상호를 사용한 거래로부터 발생한 영업상의 채무에 대하여 익명조합원은 영업자와 연대채무를 부담한다(§81).[151]

---

150) 이는 익명조합계약의 외부적 관계로서 제3자와의 관계에 관한 법률문제이다.

2) **영업자와 제3자의 관계**

익명조합은 대외적으로 영업자의 단독영업으로 나타나기 때문에 영업자의 영업행위로 인해 발생한 모든 권리·의무는 영업자에게만 귀속된다.

판례 (대법원 2011.11.24. 선고 2010도5014 판결)

조합재산은 조합원의 합유에 속하므로 조합원 중 한 사람이 조합재산 처분으로 얻은 대금을 임의로 소비하였다면 횡령죄의 죄책을 면할 수 없고, 이러한 법리는 내부적으로는 조합관계에 있지만 대외적으로는 조합관계가 드러나지 않는 이른바 내적 조합의 경우에도 마찬가지이다. 그러나 익명조합의 경우에는 익명조합원이 영업을 위하여 출자한 금전 기타의 재산은 상대편인 영업자의 재산이 되므로 영업자는 타인의 재물을 보관하는 자의 지위에 있지 않고, 따라서 영업자가 영업이익금 등을 임의로 소비하였더라도 횡령죄가 성립할 수는 없다.

4. 익명조합의 종료

1) 익명조합의 종료사유

(1) 존속기간 만료 및 해지에 의한 종료

익명조합은 존속기간의 만료 또는 해지에 의해 종료하는 것이 원칙이다. 당사자 간에 존속기간을 정하지 아니하였거나 존속기간을 종신으로 정한 경우는 계약을 종료시키기 위해서는 각 당사자는 6개월 전에 상대방에게 계약의 해지를 예고하여야 하는 것이 원칙이지만 부득

151) 이것도 상법의 특성에서 살펴본 상법의 엄격책임에 해당하는 것이다.

이한 사정이 있는 경우에는 각 당사자는 언제든지 계약을 해지할 수 있다(§83)[152].

(2) 기타의 종료사유

익명조합계약은 존속기간의 만료 및 해지 외에 영업의 폐지 또는 양도, 영업자의 사망 또는 금치산, 영업자 또는 익명조합원의 파산 등의 경우에도 성질상 익명조합계약이 유지될 수 없기 때문에 종료한다(§84).

2) 익명조합의 종료의 효과

익명조합계약이 종료되면 종료 당시의 재산을 기초로 영업자는 익명조합원이 납입한 출자재산의 가액을 반환하고, 손실분담특약에 따라 출자재산이 손실로 감소된 경우에는 손실분담금을 공제한 잔액을 반환하여야 한다(§85).

Ⅵ. 합자조합

1. 합자조합이란?

「합자조합」 이란 조합의 업무집행자로서 조합의 채무에 대하여 무한책임을 지는 조합원과 출자가액을 한도로 하여 유한책임을 지는 조합원이 상호 출자하여 공동사업을 경영할 것을 약정한 계약을 말한다(§86의 2).

2. 합자조합의 형태

152) 이러한 경우 부득이한 사정에 관한 입증책임은 해지를 원하는 측이 부담한다.

합자조합은 최근 인적 자산의 중요성이 높아짐에 따라 인적 자산을 적절히 수용할 수 있도록 공동기업 또는 회사 형태를 취하면서 내부적으로는 조합의 실질을 갖추고 외부적으로는 사원의 유한책임이 확보되는 기업 형태에 대한 수요를 충족시키기 위해 상법이 신설한 새로운 기업형태로서 상법상 합자회사와 민법상 조합을 결합한 형태라고 할 수 있다.

따라서 합자조합은 민법상 조합의 형태를 유지하면서 상법상 합자회사에 관한 규정의 적용을 받는 상법상의 개인기업 형태이기 때문에 법인격은 인정되지 않는다(§86의 8).[153]

3. 합자조합의 설립을 위한 조합계약

합자조합을 설립하기 위해서는 조합원 간에 조합계약을 체결하여야 하는데, 합자조합의 설립을 위한 조합계약에는 다음 사항을 적고 조합원[154] 전원이 기명날인 또는 서명하여야 한다(§86의 3).

① 목적, ② 명칭, ③ 업무집행조합원의 성명 또는 상호, 주소 및 주민등록번호, ④ 유한책임조합원의 성명 또는 상호, 주소 및 주민등록번호, ⑤ 주된 영업소의 소재지, ⑥ 조합원의 출자에 관한 사항, ⑦ 조합원에 대한 손익분배에 관한 사항, ⑧ 유한책임조합원의 지분의 양도에 관한 사항, ⑨ 둘 이상의 업무집행조합원이 공동으로 합자조합의 업무

153) 합자조합에 대해서는 합자회사에 관한 등기, 해산 및 청산, 사원의 경업금지, 사원의 자기거래 제한, 유한회사의 유한책임사원에 관한 규정 및 조합계약에 관한 민법상 조합에 관한 규정 등이 준용된다.

154) 합자조합은 합자회사에 관한 규정이 준용됨으로 무한책임조합원과 유한책임조합원이 각각 1인 이상 존재하여야 한다. 만약 무한책임조합원이나 유한책임조합원이 1명 미만이 되는 경우는 청산절차를 밟아야 한다.

를 집행하거나 대리할 것을 정한 경우에는 그 규정, ⑩ 업무집행조합원 중 일부 업무집행조합원만 합자조합의 업무를 집행하거나 대리할 것을 정한 경우에는 그 규정, ⑪ 조합의 해산 시 잔여재산 분배에 관한 사항, ⑫ 조합의 존속기간이나 그 밖의 해산사유에 관한 사항, ⑬ 조합계약의 효력 발생일 등.

4. 합자조합의 등기

1) 설립등기

업무집행조합원은 합자조합 설립 후 2주 이내에 조합의 주된 영업소 소재지 관할 등기소에서 다음의 사항을 등기하여야 한다(§86의 4①).

① 상법 제86조의 3 제1호부터 제5호까지(제4호의 경우에는 유한책임조합원이 업무를 집행하는 경우에 한정), 제9호, 제10호, 제12호 및 제13호의 사항.

② 조합원의 출자의 목적, 재산출자의 경우에는 그 가액과 이행한 부분 등.

2) 기타의 등기

업무집행조합원은 설립등기 외에도 설립등기 사항의 변경등기, 본점·지점의 이전등기, 해산등기, 청산인의 등기, 청산종결의 등기 등에 관한 의무를 부담한다(§86의 8①).

3) 등기의무 위반에 대한 효과

합자조합의 업무집행조합원, 직무대행자 또는 청산인의 등기를 게을리 한 경우는 500만 원 이하의 과태료가 부과될 수 있다(§86의 9).

5. 합자조합의 법률관계

1) 업무집행조합원의 권리와 의무

(1) 업무집행권

조합계약에서 다른 약정이 없는 한 무한책임조합원이 업무집행권을 가지며, 이러한 업무집행권을 가진 무한책임조합원을 「업무집행조합원」이라고 한다.[155)]

「업무집행권」은 업무집행조합원 각자가 합자조합의 업무를 집행하고 대리할 권한을 말한다. 업무집행조합원이 2명 이상인 경우 조합계약에 다른 규정이 없으면 각 조합원의 업무집행에 대하여 다른 업무집행조합원이 이의를 제기 하면 그 행위를 중지하고, 그 행위의 진행 여부는 업무집행조합원 과반수의 결의에 의해 결정하여야 한다(§86의 5③).

(2) 대표권

합자조합의 대표권은 업무집행사원이 행사하여야 하며, 유한책임조합원은 합자조합의 대표권을 행사할 수 없다(§86의 8③, 278).

업무집행조합원의 대표권은 합자조합의 모든 영업에 관한 재판상 및 재판외의 행위를 할 수 있는 권한으로서 이를 제한하더라도 선의의 제3자에게 대항하지 못한다(§86의 8②, 209).

(3) 선관자주의의무

---

155) 일반적으로 합자조합의 업무집행권은 무한책임조합원이 가지며, 특별한 경우 유한책임조합원도 업무집행사원이 될 수 있으나 이러한 경우는 반드시 조합계약에 명시하고 등기하여야 한다(§86① 1호).

업무집행조합원은 합자조합의 재산을 관리하는 지위에 있기 때문에 합자조합의 업무를 집행함에 있어 선량한 관리자의 주의의무를 부담한다(§86의 5②).

(4) 경업금지의무와 자기거래 제한

업무집행조합원은 조합계약에 다른 규정이 없으면 합명회사의 사원과 동일한 경업금지의무를 부담하며(§86의 8②, 198), 다른 조합원 과반수의 결의가 없으면 자기 또는 제3자의 계산으로 회사와 거래를 할 수 없는 자기거래의 제한을 받는다(§86의 5②, 199).

(5) 기타 의무

업무집행조합원은 위의 의무 외에도 조합의 설립등기 및 변경등기, 해산등기, 청산인의 등기, 청산종결의 등기 등에 관한 의무를 부담한다(§86의 8①).

(6) 조합 채무에 대한 책임

업무집행조합원은 합명회사의 무한책임사원과 마찬가지로 조합의 채무에 대한 무한책임을 부담하기 때문에 조합의 재산으로 조합의 채무를 모두 변제하지 못하는 경우 업무집행조합원들은 연대하여 조합의 채무에 대한 변제책임을 부담한다(§86의 8②, 212)

2) 유한책임조합원의 권리와 의무

(1) 업무감시권

유한책임조합원은 합자회사의 유한책임사원과 마찬가지로 영업연도 말에 있어서 영업시간 내에 한하여 조합의 회계장부, 대차대조표 기타의 서류를 열람할 수 있고 조합의 업무와 재산상태를 검사할 수 있다

(§86의 8③, 277).

(2) 출자의무

유한책임조합원은 합자계약에서 약정한 내용에 따라 자신의 출자분에 대한 출자의무를 부담한다. 이 의무는 유한책임조합원의 가장 근본적인 의무이다.

(3) 조합채무에 대한 책임

유한책임조합원은 조합계약에서 정한 출자가액에서 이미 이행한 부분을 뺀 가액의 한도 내에서 조합채무에 대한 변제책임이 있다(§86의 6①).[156)]

그러나 합자조합에 이익이 없음에도 불구하고 배당을 받은 경우는 그 배당받은 가액도 조합채무의 변제 한도액에 가산한다(§86의 6②).[157)]

(4) 유한책임조합원의 퇴사

합자조합의 경우 합자회사의 유한책임사원과 마찬가지로 유한책임조합원이 사망하면 그 상속인이 그 지위를 승계하여 유한책임조합원이 되고, 유한책임조합원이 금치산선고를 받은 경우도 퇴사되지 않는다(§86의 8③, 283, 284).[158)]

---

156) 예컨대, 합자조합 갑의 채무가 10억 원인 경우 유한책임조합원 을이 합자조합계약에서 1억 원의 출자를 약정하고 5천만 원만 출자 이행한 경우 을은 합자조합 갑의 채무 중 5천만 원의 변제책임을 부담하게 된다.

157) 이는 합자조합의 편법을 이용한 재산의 잠식을 예방하고 합자조합의 채권을 보호하여 합자조합의 신뢰도를 높여 합리적인 거래를 확보하기 위한 상법의 특성으로 이해된다.

158) 이는 업무집행과 무관한 유한책임조합원에 관한 지위의 변동을 최소화함으로써 합자조합의 안정적 운영을 보호하기 위한 것으로 해석된다.

3) 지분의 양도

(1) 업무집행조합원의 지분 양도

업무집행조합원은 조합에 대한 무한책임을 부담하는 입장이기 때문에 다른 조합원 전원의 동의가 없으면 자신의 지분의 일부 또는 전부를 타인에게 양도할 수 없다(§86의 7①).[159)]

(2) 유한책임조합원의 지분 양도

유한책임조합원의 지분 양도에 대해서는 조합계약으로 정하는 것이 원칙이며, 유한책임조합원의 지분을 양수한 자는 양도인의 조합에 대한 권리와 의무를 승계한다(§86의 7②, ③).

6. 합자조합의 해산 및 청산

합자조합의 해산에 관해서는 합자회사의 해산 및 계속에 관한 규정(§285) 및 합명회사의 해산등기에 관한 규정(§228)이 준용되고(§86의 8①), 청산에 관해서는 합명회사의 청산인의 등기에 관한 규정(§253), 청산종결등기에 관한 규정(§264)과 합자회사의 청산인 선임에 관한 규정(§287) 등이 준용된다(§86의 8①, ②).

---

159) 이는 합명회사와 합자회사의 무한책임사원의 경우와 동일하다.

제3장 상행위법 각칙

가 대리상

Ⅰ. 대리상이란?

「代理商(대리상)」이란 商業使用人(상업사용인)이 아니면서 일정한 상인을 위하여 계속적으로 그 영업부류에 속하는 거래의 대리 또는 仲介(중개)를 하는 독립 상인이다(§87).[160]

대리상에는 거래의 대리를 영업으로 하는 「締約代理商(체약대리상)」과 중개를 영업으로 하는 「仲介代理商(중개대리상)」이 있다.

판례 (대법원 2012.07.16. 자 2009마462 결정)

선박대리점은 선박소유자 등의 상업사용인이 아니라 독자적으로 영리를 추구하는 독립한 상인, 즉 대리상으로서 자신의 명의로 영업을 영위하는 것으로서, 선박대리점이 선박소유자 등과 사이에 그러한 계약으로부터 발생한 채무를 선박소유자 등을 대신하여 자신의 재산을 출연하

---

160) 상업사용인, 즉 지배인, 부분적 포괄대리권을 가진 사용인, 물건판매점포의 사용인 등은 독립된 상인이 아니고, 특정 상인의 경영 보조자의 역할을 담당하기 때문에 대리상이 될 수 없다.

여 변제하기로 한 경우 그 법적 성질은 특별한 사정이 없는 한 이행인수약정으로 보아야 한다. 그리고 선박대리점이 이러한 이행인수약정에 따라 자신의 재산을 출연하여 한 변제는 선박소유자 등의 대리인으로서 한다는 점을 밝히는 등 본인의 변제라고 평가되어야 할 만한 사정이 없는 한 민법 제469조에서 정하는 '제3자의 변제'에 해당한다.

판례 (대법원 1999. 2. 5. 선고 97다26593 판결)

어떤 자가 제조회사와 대리점 총판 계약이라고 하는 명칭의 계약을 체결하였다고 하여 곧바로 상법 제87조의 대리상으로 되는 것은 아니고, 그 계약 내용을 실질적으로 살펴 대리상인지의 여부를 판단하여야 하는 바, 제조회사와 대리점 총판 계약을 체결한 대리점이 위 제조회사로부터 스토어(노래방기기 중 본체)를 매입하여 위 대리점 스스로 10여 종의 주변기기를 부착하여 노래방기기 세트의 판매가격을 결정하여 위 노래방기기 세트를 소비자에게 판매한 경우에는 위 대리점을 제조회사의 상법상의 대리상으로 볼 수 없고, 또한 제조회사가 신문에 자사 제품의 전문취급점 및 A/S센터 전국총판으로 위 대리점을 기재한 광고를 한 번 실었다고 하더라도, 전문취급점이나 전국총판의 실질적인 법률관계는 대리상인 경우도 있고 특약점인 경우도 있으며 위탁매매업인 경우도 있기 때문에, 위 광고를 곧 제조회사가 제3자에 대하여 위 대리점에게 자사 제품의 판매에 관한 대리권을 수여함을 표시한 것이라고 보기 어렵다.

II. 대리상의 권리 및 의무

대리상계약은 영업자와 대리상 간에 일정한 거래나 중개의 대리를 위탁하는 위임계약으로서 다음과 같은 법률효과가 발생한다.

1. 본인과의 관계(내부관계)

1) 대리상의 권리

(1) 보수청구권

대리상은 독립상인에 해당함으로 보수에 관한 특약이 없더라도 본인에 대하여 상당한 報酬(보수)를 청구할 수 있으며(§61), 보수는 영업자와 대리상 간의 대리상계약에서 정하는 것이 원칙이다.

(2) 유치권

대리상은 다른 의사표시가 없는 한 거래의 대리 또는 중개로 인한 채권이 변제기에 있을 때에는 그 변제를 받을 때까지 본인을 위하여 점유하는 물건 또는 유가증권을 유치할 수 있다(§91).

따라서 대리상 계약에서 유치권 배제에 관한 특약을 정한 경우에는 유치권을 행사할 수 없으며, 이러한 유치권배제 특약은 명시적이든 묵시적이든 상관없다.

이 留置權(유치권)은 민법상의 유치권(민법 §320)과 달리 被擔保債權(피담보채권)과 목적물 간의 牽連關係(견연관계)를 필요로 하지 않으며, 목적물에 대한 점유취득 원인 및 소유권의 소재 여하를 불문하는 特殊商事留置權(특수상사유치권)에 해당한다.[161]

(3) 보상청구권

대리상의 노력으로 본인(영업자)의 새로운 고객이 발생하거나 영업상 이익이 현저하게 증가하고 이로 인해 대리상계약이 종료된 후에도 계속하여 본인이 이익을 얻고 있는 경우 대리상은 본인에게 상당한 補償金(보상금)을 청구할 수 있다(§92의 2① 전단).[162]

그러나 대리상의 잘못으로 대리상 계약이 종료된 경우는 보상청구권을 행사할 수 없다(§92의 2① 단서).

이는 대리상의 노력으로 영업자의 영업상 이익이 계속하여 발생하고 있음에도 불구하고 대리상계약이 종료되었다는 이유로 대리상의 노력을 영업자가 무상으로 취하는 것은 형평의 원칙에 어긋나기 때문에 대리상에게 인정되는 상법상의 권리이다.[163]

보상금액은 대리상계약의 종료 전 5년 동안의 평균보수액을 초과하지 않는 금액을 청구할 수 있는데, 대리상 계약의 존속기간이 5년 미만인 경우는 그 존속기간 동안의 평균 보수액을 청구할 수 있다(§92의 2②).

대리상의 보상청구권은 계약종료 후 6월이 경과하면 소멸한다(§92의

---

161) 예컨대, 대리상은 영업자를 대신하여 거래 또는 중개를 하고 보수를 받지 못한 경우 영업자와 관련된 물건을 유치하고 있으면 보수를 받을 때까지 그 물건의 반환을 거부하고 유치할 수 있다. 이때 유치물은 채무자의 소유이든 아니든 상관 없다.

162) 대리상의 보상청구권에 관한 규정은 임의규정에 해당하기 때문에 당사자 간에 특약으로 이를 배제할 수 있다고 해석된다. 그러나 이에 대한 반대의 견해도 있으나 상인 간의 사적인 거래에 있어서 사적자치의 원칙을 인정하는 것이 합리적이라고 판단되지만 대리상이 영업자에 비해 경제적 약자의 지위에 있다는 점에서는 보상청구권에 관한 배제특약을 제한하는 것이 옳다고 본다. 따라서 이에 대한 문제는 입법적 방법을 통하여 강행규정으로 개정하는 것이 필요하다고 본다.

163) 보상청구권은 대리상계약이 종료된 후에 발생하는 권리이고, 보수청구권은 대리상계약 기간 중에 발생하는 권리라는 점에서 구분된다.

2③). 이 기간은 제척기간으로 해석되며, 대리상 계약이 종료된 후 6개월이 지난 뒤에는 사실상 대리상의 영업으로 인한 효과가 지속될 수 없다는 판단에서 정해진 이 기간은 일반적인 사회적 통념에 의해 정한 기간으로 보이는데, 모든 대리상 계약이 이에 해당할 수가 없기 때문에 원칙은 보상청구기간을 6월로 정하고 그 이후에도 정당한 사유를 입증하는 경우는 보상청구권의 행사를 가능케 하는 것이 합리적이라고 본다.

2) 대리상의 의무

(1) 선관자주의의무

대리상은 본인인 영업자와 委任關係(위임관계)에 있으므로 선량한 관리자의 주의의무를 부담한다. 따라서 대리상은 본인의 영업을 대리함에 있어서 자신의 영업에 임하는 자세로 최선을 다하여 성실히 하여야 한다. 이 의무는 타인의 재산을 관리하는 자가 일반적으로 부담하는 주의의무에 해당한다.

(2) 통지의무

대리상이 본인을 위하여 거래의 대리 또는 중개를 한 때에는 지체없이 본인에게 그 내용을 발송하여야 한다(§88).[164]

판례 (대법원 2003.04.22. 선고 2000다55775 판결)

건설기계 판매대리계약 중 대리상에 불과한 판매 회사에게 미회수

164) 대리상의 통지의무에 관한 발신주의를 상법이 채택하고 있기 때문에 대리상이 거래에 관한 통지를 발송한 후 본인(영업자)에게 도착하였는지 여부에 대한 위험은 본인(영업자)의 부담이 된다.

매매대금에 관한 무조건의 이행담보책임을 지우는 조항은 판매 회사가 수령하는 수수료의 액수에 비하여 고객의 무자력으로 인한 위험부담이 너무 커서 판매 회사에 부당하게 불리할 뿐만 아니라, 건설기계 생산자가 미리 매매대금을 리스금융회사로부터 수령하고 나름대로의 채권확보책을 가지고 있음에도 판매 회사에게 금융비용까지 합한 할부금 전액에 대하여 이행담보책임을 지우는 것은 상당한 이유 없이 건설기계 생산자가 부담하여야 할 책임을 판매 회사에게 이전시키는 것이라고 보아야 하므로 약관의규제에관한법률에 의하여 무효가 된다.

(3) 경업금지의무

대리상의 영업을 위하여 일반적으로 본인인 영업자는 광고, 기술개발, 영업상의 노하우 등의 지원을 많이 하게 된다. 따라서 대리상은 본인의 허락 없이 자기나 제3자의 계산으로 본인의 영업부류에 속하는 거래를 하거나 동종영업을 목적으로 하는 다른 회사의 無限責任社員(무한책임사원) 또는 이사가 되지 못한다(§89①).

대리상이 이러한 경업금지의무를 위반한 경우 상업사용인의 경우와 같이 본인(영업자)은 개입권, 이득양도청구권, 손해배상청구권 등을 행사할 수 있으며, 대리상계약을 해지할 수도 있다(§89②, 17② ~ ④).

(4) 영업비밀준수의무

대리상은 영업자가 투자한 기반 위에서 영업을 하기 때문에 그 과정에서 자연히 영업자의 영업비밀을 많이 알게 되는데, 이러한 영업비밀들은 영업자의 경쟁자들이 알게 되면 영업자에게 치명적인 손실을 야기할 수도 있고 경쟁력 약화의 중요한 변수가 될 수도 있다.

따라서 영업자의 영업비밀 보호를 위하여 대리상은 계약기간뿐만 아니라 계약기간 후에도 대리상 계약과 관련하여 알게 된 본인의 영업상 비밀[165]을 준수하고 누설하지 말아야 한다(§92의 3).

2. 제3자와의 관계(외부관계)

1) 대리상의 대리권 인정여부

대리상과 제3자와의 관계에서 체약대리상은 특약이 없는 한 계약체결에 관한 대리권만 가지고 중개대리상은 본인을 위하여 일정한 거래의 중개만 하는데 불과하므로 중개대리상은 중개를 함에 있어 아무런 대리권도 가지지 않는다.

2) 대리상의 통지수령권

대리상을 통한 상거래에서 거래의 상대방을 보호하기 위하여 상법은 물건의 판매나 그 중개의 위탁을 받은 대리상에게 목적물의 하자 또는 수량부족 기타 매매의 이행에 관한 통지를 받을 권한을 특별히 인정하고 있다(§90).

이는 영업자를 대리하여 대리상이 제3자와 거래한 경우 사실상 그 제3자(거래상대방)는 대리상을 믿고 거래하는데, 거래는 대리상과 하고 목적물등의 하자에 대해서는 영업자에게 통지하도록 하는 것은 실제거래에 있어 거래상대방에게 많은 불편과 어려움을 부담시킬 수 있기 때문에 이러한 부담을 해소하여 상거래를 신속하고 간편하게 처리할 수

165) 여기서 「영업상비밀」이란 일정한 제한된 범위의 사람들만 알고 있는 일반적으로 잘 알려지지 아니한 독립된 경제적 가치를 가지는 것으로서 상당한 노력에 의하여 비밀로 유지된 생산방법·판매방법 기타 영업활동에 유용한 기술상 또는 경영상의 정보를 말한다(부정경쟁방지법 §2 제2호).

있도록 하기 위한 상법의 취지로 해석된다.

Ⅲ. 대리상관계의 종료

민법상의 위임계약관계의 일반적인 종료원인(민법 §690) 외에 본인의 영업양도,[166] 폐업 및 존속기간의 만료로 대리상관계는 종료되며, 대리상계약의 존속기간을 정하지 아니한 경우 각 당사자는 2개월 전에 상대방에게 예고하여 해지할 수 있고(§92①),[167] 부득이한 사정이 있는 경우에는 존속기간의 약정 유무에 관계없이 언제든지 해지할 수 있다(§92②, 83②).

나 중개인

Ⅰ. 개념

1. 중개인이란?

타인 간의 상행위(기본적 상행위)에 대한 홍정을 붙여 거래를 성사

166) 영업양도는 대리상계약이 종료사유에 해당한다는 견해(다수설)와 영업양도는 부득이한 사유에 해당하므로 해지사유에 해당할 뿐 종료사유에 해당하는 것은 아니라는 견해가 있는데, 생각건대, 대리상은 본인과 대리상 간의 신뢰관계를 바탕으로 형성되는 상사계약이기 때문에 사실상 영업양도가 대리상계약의 해지사유에 해당한다고 하더라도 이는 곧 해지를 통한 종료의 결과를 가져오는 것이 일반적이기 때문에 논란의 실익은 없다고 본다.

167) 이를 「예고해지」라 한다.

시키는 것을 「仲介(중개)」라 하고, 이러한 중개행위를 영업으로 하는 독립상인을 「仲介人(중개인)」이라 한다(§93).

판례 (대법원 2012.04.13. 선고 2012도216 판결)

자금중개업자인 갑이 대출의뢰인으로부터 5억 원을 대출해 달라는 부탁과 함께 금액란이 공란으로 되어 있는 백지어음, 영수증 등의 서류를 교부받았음에도, 개인적인 채무를 변제하기 위해 사채업자인 피해자에게 위임 범위를 초과한 10억 원의 대출의뢰를 받은 것처럼 거짓말을 하여 피해자로부터 선이자를 공제한 8억 8,000만 원을 교부받았고, 그 과정에서 권한 없이 대출의뢰인 명의의 영수증 금액란에 10억 원이라고 기재하여 이를 위조하기까지 하였다면, 갑이 피해자로부터 교부받은 돈 전액을 사기죄의 편취액 또는 구 특정경제범죄 가중처벌 등에 관한 법률 제3조 제1항에서 정한 "이득액"으로 보아야 하는 것이지, 위임받은 범위를 초과하는 금액만을 편취액 또는 이득액으로 보아야 하는 것은 아니다.

2. 중개인과 구분해야 할 개념

중개인과 구분해야 할 개념에는 특정 상인을 위하여 계속적으로 상행위의 중개를 대리하는 「仲介代理商(중개대리상)」과 상행위가 아닌 법률행위를 중개하는 「民事仲介人(민사중개인)」이 있다.

중개대리상은 특정상인만을 위해 계속적으로 상행위를 대리한다는 점에서 대리상에 속하고, 중개대리상은 상행위를 영업으로 하는 반면에 민사중개인은 상행위 이외의 행위를 영업으로 한다는 점에서 구분된다.

	중개인	중개대리상	민사중개인
주요행위	상행위의 중개	상행위의 중개	상행위 이외의 행위 중개
존재형태	독립상인	특정 상인에 종속된 독립상인	독립상인
주요권리	보수청구권	보수청구권, 통지수령권	보수청구권
사 례	오파상	전속에이전트	복덕방

II. 권리와 의무

1. 견품보관의무

중개인은 자신이 중개한 행위에 관하여 견품을 수령한 때에는 그 행위가 완료할 때까지 그것을 보관하여야 한다(§95). 이때 견품보관에 소요되는 비용은 견품의 소유자인 거래당사자가 부담하여야 한다.[168]

2. 결약서 교부의무 및 통지의무

중개인의 중개가 성공하여 당사자 간에 계약이 성립하면 중개인은 지체없이 結約書(결약서)[169]를 작성하여 기명날인 후 각 당사자에게

---

168) 예컨대, 아이스크림회사의 신제품에 관한 중개를 위하여 중개인이 신제품의 견품을 수령한 경우 아이스크림의 특성상 냉장 보관이 필요하게 되는데, 이러한 경우 냉장보관비는 중개인이 일단 지불하고 아이스크림회사에 대하여 그에 대한 비용청구를 할 수 있다.

169) 여기서 「결약서」란 당사자 간에 중개인의 중개로 인해 계약이 성립되었음을 증명하는 단순한 증거증서로서 결약서에는 계약의 당사자, 목적물, 수량, 매매대금 등 요령(계약의 주요 내용)만을 기재하게 되는데, 이러한 점에서 계약상의 구체적인 조건을 모

교부하여야 하며(§96①), 당사자가 즉시 이행을 해야 하는 계약을 중개한 경우에는 결약서에 당사자의 기명날인을 받아 당사자에게 교부하여야 한다(§96②). 그러나 당사자의 일방이 결약서의 수령을 거절하거나 기명날인 또는 서명을 거부하는 경우 중개인은 지체없이 상대방에게 그 사실을 통지하여야 한다(§96③). 중개인이 이러한 통지의무를 위반한 경우는 그로인한 손해배상책임을 부담하게 된다.

3. 장부작성 및 등본교부의무

1) 의의

중개인은 당사자의 성명 또는 상호, 계약의 연월일, 계약의 요령 등을 기재한 장부, 즉 「중개인의 일기장」을 작성·비치하여야 하며(§97①), 거래당사자는 언제든지 자기를 위해 중개한 중개인에 대하여 당해 장부의 등본에 대한 교부를 청구할 수 있다(§97②).

2) 중개인의 일기장에 대한 법적 효력

중개인의 일기장에 중개수수료의 입출에 관한 내용을 기재한 경우는 상업장부로서의 법적 효력이 있으나, 중개수수료의 입출금관계를 기재하지 아니한 경우는 상법상 상업장부로 인정되지 않는다.[170)]

4. 성명·상호묵비의무와 당사자 확인의무

두 기재하는 본계약서와 구분된다.

170) 상업장부로 인정되는 경우는 상법의 적용을 받지만 상업장부로 인정되지 않는 경우는 상법의 적용을 받지 않는다.

계약당사자가 상대방에게 자신의 성명 또는 상호를 공개하지 않기 위하여 비밀로 해줄 것을 중개인에게 부탁한 경우 중개인은 일기장의 등본에 姓名默秘(성명묵비)를 부탁한 자의 상호 또는 성명을 기재하여서는 아니된다(§98).[171]

아이템 거래를 전문적으로 중개하는 아이템 중개업자는 실명정보의 확인의무를 부담하는데, 이러한 중개업자가 온라인게임을 제공하는 서비스 제공자가 자신이 제공하는 게임 서비스에 명의도용자가 회원으로 가입하는 것을 허용하고 이를 방치하게 되면 피모용자들에 대해 불법행위로 인한 손해배상책임까지 부담하게 된다.

판례 (대법원 2009.05.14. 선고 2008다75676 판결)

온라인게임은 명의도용 사고가 발생한 2005년경 국내 이용자 수만도 약 170만 명, 동시 접속자수가 약 12만 명에 이를 정도로 인기가 있었고, 게임 이용자들은 가상 물품인 '아이템'을 현금을 주고 매매하기까지 하였으며, 아이템 거래를 전문적으로 중개하는 아이템 중개업자가 생겨나기도 한 점, 기타 제반 사정에 비추어 보면 온라인 서비스 제공자인 피고 회사로서는 이 사건의 온라인 회원가입절차에서 이용신청자가 실제 본인인지를 확인할 주의의무, 즉 실명정보의 확인의무를 부담한다.

5. 개입의무(이행담보책임)

171) 중개인을 통해서 거래를 하는 경우 거래 상대방보다 중개인만을 신뢰하거나 자신의 존재를 노출시키는 경우 거래의 조건에서 불리해 질 수 있는 경우가 있는데, 이러한 경우 은닉 당사자는 중요한 목적이 있기 때문에 이를 보호하지 아니한 중개인은 당연히 그에 대한 책임을 부담하여야 한다.

중개인이 임의로 또는 당사자의 요구에 따라 계약당사자 일방의 성명 또는 상호를 상대방에게 알리지 않은 경우에 그 상대방에 대하여 중개의 목적인 계약상의 의무를 이행하지 않을시 그에 갈음하여 그 의무를 이행할 책임을 진다(§99). 이를 「介入義務(개입의무)」 또는 「履行擔保責任(이행담보책임)」이라 한다.

상호 또는 성명이 밝혀지지 아니한 당사자의 채무를 대신 이행한 중개인은 그 익명당사자에게 求償權(구상권)은 행사할 수 있으나 익명당사자를 갈음하여 상대방에게 反對給付(반대급부)를 청구할 수는 없다.[172]

6. 보수청구권

중개인도 독립상인이므로 중개가 성공하고 결약서를 교부한 경우에는 보수에 관한 특약이 없더라도 보수(중개료)를 청구할 수 있다(§61). 특약이나 관습이 없는 한 중개인의 보수는 계약당사자가 均分(균분)하여 부담한다(§100②).[173]

---

172) 이는 중개인을 믿고 거래에 임한 상대방을 보호하기 위한 규정이며, 일반적으로 거래당사자를 익명으로 하여 중개를 하는 경우 중개인과 익명당사자 간에는 특수한 신뢰관계가 존재하는 것으로 인정할 수 있기 때문이다.

173) 일반적으로 중개수수료는 거래당사자 간에 협의로 결정하지만 상법상 이러한 당사자 간의 약정이 없는 경우는 거래당사자가 균등하게 부담하도록 규정하고 있다. 그러나 실제에서는 거래에 대한 필요성이나 중요도, 거래상의 지위 등에 의해 중개수수료를 부담하는 실정이다.

다 위탁매매인

Ⅰ. 위탁매매인이란?

자기의 명의로 타인의 계산으로 물건 또는 유가증권에 대한 매매의 주선을 영업으로 하는 독립상인을 「委託賣買人(위탁매매인)」이라 한다(§101).

그리고 자기명의로 타인의 계산으로 매매 아닌 행위를 영업으로 하는 자는 「준위탁매매인」이라고 하고, 준위탁매매인에 대해서는 위탁매매인에 관한 규정이 준용된다(§113).[174]

판례 (대법원 2011.07.14. 선고 2011다31645 판결)

위탁매매란 자기의 명의로 타인의 계산에 의하여 물품을 매수 또는 매도하고 보수를 받는 것으로서 명의와 계산의 분리를 본질로 한다. 그리고 어떠한 계약이 일반의 매매계약인지 위탁매매계약인지는 계약의 명칭 또는 형식적인 문언을 떠나 그 실질을 중시하여 판단하여야 한다. 이는 자기 명의로써, 그러나 타인의 계산으로 매매 아닌 행위를 영업으로 하는 이른바 준위탁매매(상법 제113조)에 있어서도 마찬가지이다.

갑 주식회사가 국내에서 독점적으로 판권을 보유하고 있는 영화의

174) 준위탁매매인으로서는 출판, 광고, 보험계약, 여객운송 등의 주선을 영업으로 하는 자가 있다.

국내배급에 관하여 을 주식회사와 체결한 국내배급대행계약이 준위탁매매계약의 성질을 갖는지가 문제된 사안에서, 배급대행계약서의 내용 등 여러 사정에 비추어 을 회사는 위 배급대행계약에 따라 갑 회사의 계산에 의해 자신의 명의로 각 극장들과 영화상영계약을 체결하였다고 보아야 하므로, 을 회사는 준위탁매매인의 지위에 있다고 보는 것은 정당하다.

II. 위탁매매의 법률관계

위탁매매인과 委託者(위탁자)와의 관계는 委任契約關係(위임계약관계)이다.[175] 따라서 위탁매매에 관한 법률관계는 다음과 같이 나타난다.

1. 위탁매매인과 위탁자의 관계(내부적 관계)

위탁매매는 위탁매매인과 위탁자 간의 위임계약에 해당하는 법률행위로서 그 결과 다음과 같은 일정한 법률효과가 발생한다.

1) 위탁매매인의 권리

(1) 보수청구권

175) 증권회사가 위탁매매인의 좋은 예가 되는데, 증권회사는 고객(의뢰인)의 부탁을 받고 고객의 계산으로 증권거래소에서 주식등에 관한 매매계약을 주로 하지만 매매계약에서는 증권회사 자신의 명의로 직접 거래의 당사자가 된다. 즉, 증권회사는 고객의 돈으로 주식을 매입하지만 매입에 관한 거래에서는 고객의 대리인이 아닌 매수인으로서 행위 한다. 이러한 경우를 「타인의 계산으로 자신의 명의로 영업 한다」고 표현한다.

위탁매매인도 독립상인에 해당하기 때문에 당사자 간에 보수에 관한 특약이 없더라도 위탁자에 대하여 일정한 보수를 청구할 수 있다(§61).

(2) 비용상환청구권

위탁매매인이 위탁자로부터 수령한 위탁물의 하자를 발견하였으나 위탁자에게 그를 통지할 시간적 여유가 없어 그 하자에 대한 보수비용을 위탁매매인이 지급한 경우와 같이 위탁자를 위하여 위탁매매인이 일정한 비용을 替當(체당)한 경우는 그 체당금 및 법정이자를 청구할 수 있다(§55①, ②).

(3) 유치권

위탁매매인은 위탁물건의 매도 또는 매수로 인한 채권이나 위탁자를 위하여 보관하고 있는 물건 등에 대하여 대리상과 같은 特殊商事留置權(특수상사유치권)을 가진다(§111, 91).

(4) 공탁·경매권

위탁매매인이 위탁자를 위하여 매수한 물건에 대하여 위탁자가 수령을 거부하거나 수령할 수 없는 경우에 상사매매의 매도인과 같이 供託權(공탁권) 또는 競賣權(경매권)을 선택적으로 행사할 수 있다(§109, 67).

(5) 개입권

위탁매매인이 거래소의 시세 있는 물건의 매매를 위탁받은 때에는 직접 그 위탁 건에 대한 매도인이나 매수인이 될 수 있다(§107①). 즉, 위탁자가 매매를 위탁한 물건을 위탁매매인이 직접 매입 또는 매도할 수 있다.[176] 이를 「개입권」이라 한다.

2) 위탁매매인의 의무

(1) 선관자주의의무

위탁매매인과 위탁자는 위임관계에 있기 때문에 위탁매매인은 선량한 관리자의 주의로 위탁자의 위임사무를 처리하여야 한다.

이러한 선관자주위의무를 게을리하여 위탁자나 제3자에게 손해가 발생한 경우는 그 손해에 대한 배상책임을 부담하게 된다.

판례 (대법원 2007.05.10. 선고 2005다55299 판결)

유가증권의 매매나 위탁매매, 그 중개 또는 대리와 관련한 업무를 주된 사업으로 수행하고 있는 증권회사의 경우 그 주된 업무가 객장을 방문한 고객들과 직원들 간의 상담에 의하여 이루어지는 만큼 그 지점장으로서는 직원들과 객장을 관리 · 감독할 의무가 있고, 거기에는 객장 내에서 그 지점의 영업으로 오인될 수 있는 부정한 증권거래에 의한 불법행위가 발생하지 않도록 방지하여야 할 주의의무도 포함된다.

따라서 증권회사 지점장이 고객에 불과한 사람에게 사무실을 제공하면서 '실장' 직함으로 호칭되도록 방치한 행위와 그가 고객들에게 위 지점의 직원이라고 기망하여 투자금을 편취한 불법행위 사이에 상당인과관계가 있으므로 증권회사측에 과실에 의한 방조로 인한 사용자책임이 인정된다.

---

176) 위탁매매인은 위탁자의 위탁을 받아 위탁자의 물건등을 제3자에게 팔아주거나 제3자로부터 매입해 주는 행위를 하는 것이 일반적인데, 위탁자로부터 매도의 위탁을 받은 위탁매매인이 위탁자의 물건을 직접 매수하거나 위탁자의 매수 위탁을 받은 위탁매매인이 자신이 소유하고 있는 물건을 위탁자에게 직접 매도하는 경우가 이에 해당한다.

(2) 통지의무 및 계산서제출의무

위탁매매인이 위임받은 매매를 이행한 경우는 지체없이 그 계약의 요령 및 상대방의 신상을 위탁자에게 통지하고 또한 계산서를 제출하여야 한다(§104).

(3) 지정가액준수의무

위탁자가 매매의 가격을 지정하여 위탁한 경우는 그 지정된 가격의 범위 내에서 매매계약을 체결하여야 한다(§106①). 지정가격 이상으로 매매된 경우 차액은 다른 약정이 없는 한 위탁자에게 귀속한다(§106②).

(4) 이행담보책임

위탁자를 위하여 위탁매매인이 매매를 한 경우 상대방이 이를 이행하지 않으면 위탁매매인은 특약 또는 관습이 없는 한 그에 대한 이행책임을 진다(§105).

(5) 하자통지의무

위탁매매인이 위탁자로부터 수령한 위탁물에 훼손 또는 하자가 발생하거나 부패의 염려 또는 가격 하락의 우려가 있는 경우는 지체없이 위탁자에게 통지하여야 하며(§108①), 위탁자의 지시를 받을 수 없거나 지시가 지연되는 경우는 위탁자의 이익을 위하여 적당한 처분을 할 수 있다(§108②).

3) 위탁매매인의 지위와 위탁물의 귀속

위탁매매인은 위탁자를 위한 매매로 인하여 상대방에 대하여 직접 권리를 취득하고 의무를 부담한다(§102). 그러나 위탁매매인이 위탁자로부터 받은 물건 또는 유가증권이나 위탁매매로 인하여 취득한 물건, 유가증권 또는 채권은 위탁자와 위탁매매인 또는 위탁매매인의 채권자 간의 관계에서는 이를 위탁자의 소유 또는 채권으로 본다(§103).[177]

2. 제3자에 대한 관계(외부적 관계)

1) 위탁매매인과 제3자의 관계

위탁매매인과 제3자의 관계는 일반적인 매매의 매도인과 매수인의 관계가 성립되므로 매매계약의 당사자로서 권리·의무를 부담하게 된다.

2) 위탁자와 제3자와의 관계

위탁매매계약은 위탁매매인과 제3자 간에 이루어지기 때문에 위탁자와 제3자 간에는 직접적인 법률관계가 발생하지 않는 것이 원칙이다.

3) 위탁매매인의 채권자와 위탁자의 관계

위탁매매인이 위탁자로부터 받은 물건 또는 유가증권이나 위탁매매로 인하여 취득한 물건, 유가증권 또는 채권은 별도의 이전행위 없이 위탁자의 소유 또는 채권으로 본다(§103). 따라서 위탁매매인의 채권자는 위탁매매인이 위탁자를 위하여 매입한 물건 또는 유가증권 등에 대하여 채권행사를 할 수 없다.

177) 따라서 증권회사가 고객으로부터 위탁받아 매수·보관하고 있는 주식은 고객의 소유에 해당하고 증권회사가 부도처리 되는 경우에 증권회사의 채권자는 이 주식에 대한 압류나 경매가 불가능하다.

판례 (대법원 2008.05.29. 선고 2005다6297 판결)

위탁매매인이 위탁자로부터 받은 물건 또는 유가증권이나 위탁매매로 인하여 취득한 물건, 유가증권 또는 채권은 위탁자와 위탁매매인 또는 위탁매매인의 채권자 간의 관계에서는 이를 위탁자의 소유 또는 채권으로 보므로(상법 제103조), 위탁매매인이 위탁자로부터 물건 또는 유가증권을 받은 후 파산한 경우에는 위탁자는 구 파산법(2005. 3. 31. 법률 제7428호 채무자 회생 및 파산에 관한 법률 부칙 제2조로 폐지) 제79조에 의하여 위 물건 또는 유가증권을 환취할 권리가 있고, 위탁매매의 반대급부로 위탁매매인이 취득한 물건, 유가증권 또는 채권에 대하여는 구 파산법 제83조 제1항에 의하여 대상적 환취권(대체적 환취권)으로 그 이전을 구할 수 있다.

따라서 외국 정부가 국내법원에서 파산선고를 받은 위탁매매인에 대한 세금청구권에 기하여 위탁자의 대상적 환취권의 목적이 되는 물건, 유가증권 또는 채권을 강제징수한 경우, 그로 인해 위탁매매인의 세금채무가 소멸하여 위탁매매인의 파산재단은 동액 상당의 부당이득을 얻은 것이 되며, 이 경우 위탁자는 위탁매매인의 파산재단에 대해 부당이득반환청구권을 가지게 되는데, 이는 구 파산법(2005. 3. 31. 법률 제7428호 채무자 회생 및 파산에 관한 법률 부칙 제2조로 폐지) 제38조 제5호의 재단채권이다.

라 운송주선업

Ⅰ. 운송주선업이란?

위탁자인 送荷人(송하인)의 부탁을 받고 자신의 명의로 물건운송을 주선하는 영업을 「運送周旋業(운송주선업)」이라 하고, 이러한 운송주선업을 영업으로 하는 독립상인을 「운송주선인」이라고 한다(§114).[178]

운송주선인의 주선행위는 운송계약의 체결뿐만 아니라 운송물의 수령, 보관, 인도, 보험계약의 체결 기타 운송의 실현에 필요한 행위를 포함하며, 이에 필요한 비용은 위탁자가 부담한다.

이론상 운송주선업과 운송업은 별개의 상행위로 구분되지만 실제에 있어서 운송주선업의 특성 상 운송주선인이 운송을 겸하는 경우가 많다. 그리고 운송주선을 의뢰하면서 운송의 주선만 의뢰한 것인지 운송까지 의뢰한 것인지 명확하지 않은 경우가 있는데, 이러한 경우는 운송주선계약의 구체적인 내용들을 포괄적으로 참작하여 판단하여야 한다.

판례 (대법원 2007.4.27. 선고 2007다4943 판결)

운송주선업자가 운송의뢰인으로부터 운송관련 업무를 의뢰받았다고 하더라도 운송을 의뢰받은 것인지, 운송주선만을 의뢰받은 것인지 여부가 명확하지 않은 경우에는 당사자의 의사를 탐구하여 운송인의 지위를 취득하였는지 여부를 확정하여야 할 것이지만, 당사자의 의사가 명확하지 않은 경우에는 하우스 선하증권의 발행자 명의, 운임의 지급형태 등 제반 사정을 종합적으로 고려하여 논리와 경험칙에 따라 운송주선업자가 운송의뢰인으로부터 운송을 인수하였다고 볼 수 있는지 여부를 확정하여야 한다.

---

178) 따라서 운송주선인은 운송의 주선을 목적으로 하고, 위탁매매인은 물건이나 유가증권의 매매의 주선을 목적으로 한다는 점에서 차이가 있다.

따라서 선박대리점은 해상운송사업을 영위하는 자를 위하여 그 사업에 속하는 거래의 대리를 업무로 하는 자로서 운송인과의 계약에 따라 화물의 교부와 관련한 일체의 업무를 수행하는 것인데, 이러한 업무를 수행하는 선박대리점이 운송물에 대한 점유를 이전받기 이전에 실제 운송인 및 터미널 운영업자의 과실로 인하여 화물이 소훼되었다면, 선박대리점에게 운송물의 멸실에 대한 불법행위책임을 물을 수는 없다.

판례 (대법원 2007.08.23. 선고 2005다65449 결정)

운송주선업자가 운송의뢰인으로부터 운송관련 업무를 의뢰받았다고 하더라도 운송을 의뢰받은 것인지, 운송주선만을 의뢰받은 것인지 여부가 명확하지 않은 경우에는 당사자의 의사를 탐구하여 운송인의 지위를 취득하였는지 여부를 확정하여야 하지만, 당사자의 의사가 명확하지 않은 경우에는 계약체결 당시의 상황, 하우스 항공화물운송장의 발행자 명의, 운임의 지급형태, 운송을 의뢰받은 회사가 실제로 수행한 업무 등 여러 가지 사정을 종합적으로 고려하여 논리와 경험칙에 따라 운송주선업자가 운송의뢰인으로부터 실제로 운송책임을 인수하였다고 볼 수 있는지 여부를 판단하여야 한다(대법원 2007. 4. 27. 선고 2007다4943 판결 등 참조).

원심판결 이유에 의하면, 원심은 그 판시와 같은 사정, 즉 이 사건에서 실제운송인인 아시아나 항공과 항공운송계약을 체결한 것은 에어 시로서 그가 하우스 항공화물운송장을 발행한 점, 피고가 이 사건 화물의 운송 전에 수입회사인 유성에스엠티로부터 대금을 선급받았다가 이 사건 화물이 유성에스엠티에게 인도된 다음 제반 비용을 계산하여 대금을 정산한 점, 피고가 유성에스엠티에게 국내 육상운임에 대하여는 10%의 부가가치세를 포함하여 청구한 반면 항공운임 등에 관하여는 국외에서 제공하는 용역으로 취급하여 영의 세율을 적용한 점, 이 사건 사고 후 작성된 갑 제1호증의 1 기재에 의하더라도 이 사건 화물이 보세창고 출고 후 유성에스엠티에게 인도되기까지 운송 도중에 발생한 수입물건의 도난, 분실, 훼손, 침수, 기타 사유로 인한 손해에 대하여서만 피고가 책임을 지기로 규정한 점 등을 종합적으로 고려해 볼 때, 이 사건 화물이 출발지인 런던 공항의 아시아나 항공기에 선적되어 도착지인 인천국제공항의 보세창고에서 출고될 때까지의 항공운송 구간에 대하여, 피고는 유성에스엠티를 위하여 에어 시와 사이에 운송계약을 체결한 운송주선인에 불과하다고 판단하였다.

II. 운송주선인의 권리와 의무

1. 의무

1) 일반적 의무

운송주선인은 위탁자를 위하여 운송계약등을 체결하는 입장에 있기 때문에 위탁매매인과 마찬가지로 善管者注意義務(선관자주의의무), 通知義務(통지의무) 및 계산서 제출의무(§104), 운임의 指定價額遵守義務(지정가액준수의무)(§106) 등을 부담한다(§123).[179]

2) 손해배상책임

운송주선인은 자기나 그 사용인이 운송물의 수령, 인도, 보관, 운송인 또는 다른 운송주선인의 선정 기타 운송에 있어서 주의를 게을리하여 운송물이 멸실·훼손 또는 연착됨으로써 발생한 손해에 대하여 배

179) 이러한 점에서 자신의 명의로 타인의 계산으로 운송의 주선을 영업으로 하는 운송주선인은 매매 이외의 주선을 영업으로 하지만 준위탁매매인에 해당하지 않는다.

상책임을 부담한다(§115). 그러나 운송주선인이 자신 및 이행보조자의 과실 없음을 입증하면 손해배상책임을 면한다.

2. 권리

1) 보수청구권

운송주선인도 독립상인이므로 운송계약을 체결하여 운송물을 운송인에게 인도한 때에는 즉시 보수를 청구할 수 있다(§119①). 그러나 운송주선계약에서 운임액을 정한 확정운임운송주선계약의 경우에는 특약이 없는 한 별도로 보수를 청구하지 못한다(§119②).

2) 비용상환청구권

운송주선인이 운송인에게 운송을 위하여 지급한 비용(보험료, 보관료, 하역비 등)은 위탁자에 대하여 상환청구 할 수 있다(§123, 112, 민법 §688).

3) 유치권

운송주선인은 위탁자로부터 부탁받은 운송물에 관하여 자신의 보수, 운임 기타 위탁자를 위한 替當金(체당금)이나 先貸金(선대금)에 관하여만 그 운송물을 유치할 수 있다(§120).

이는 受荷人(수하인)을 보호하기 위한 것으로서 민법상의 留置權(유치권)과 같이 被擔保債權(피담보채권)과 목적물 사이에 牽連關係(견연관계)가 있어야 하며, 목적물도 운송물에만 한정된다. 그러나 목적물이 위탁자의 소유인지 여부는 묻지 않는다.

4) 개입권

특별한 약정이 없으면 운송주선인은 직접 운송할 수 있는 권리를 가지는데(§116①) 이를 「介入權(개입권)」이라 한다.[180] 이는 운송주선인의 일방적 의사표시에 의해 행사되는 形成權(형성권)이며, 운송주선인이 위탁자의 청구에 의하여 貨物相換證(화물상환증)을 작성한 때에는 직접 운송하는 것으로 본다(§116②).

개입권을 행사한 운송주선인은 운송인과 동일한 권리와 의무를 부담한다.

5) 소멸시효

운송주선인이 위탁자 또는 수하인에 대하여 가지는 채권은 1년간 행사하지 아니하면 소멸시효가 완성한다(§122).[181] 이는 신속하고 원활한 운송거래 질서를 유지하기 위해 상법이 특별히 단기소멸시효를 규정한 것으로 해석된다.

Ⅲ. 수하인의 지위

수하인은 운송주선계약의 당사자가 아니기 때문에 운송주선계약으

180) 이는 위탁매매인의 개입권과 같은 원리로 파악하면 된다. 즉, 운송주선인이 의뢰인으로부터 운송의 주선을 부탁받은 경우 운송주선인이 다른 운송인에게 운송을 부탁하지 않고 직접 그 물건의 운송을 담당하는 경우가 이에 해당한다. 그러나 위탁매매인의 개입권 행사에는 거래소의 객관적인 시세가 형성되어 있어야 하는 조건을 필요로 하는 데 반해 운송주선인의 개입권 행사에 대해서는 이러한 조건을 필요로 하지 않는다.

181) 따라서 운송주선인이 송하인이나 수하인에게 보수나 비용에 대한 청구권을 행사할 수 있는 소멸시효기간은 1년의 단기에 걸리며, 이는 운송인의 경우도 마찬가지이다(§147).

로 인한 직접적인 권리·의무는 발생하지 않지만 운송주선계약의 성질상 다음과 같은 법정 권리와 의무를 부담하게 된다.

1. 권리

受荷人(수하인)은 운송물이 목적지에 도착한 후에는 운송주선계약으로 인해 위탁자인 送荷人(송하인)이 가지는 권리와 동일한 권리를 취득하며, 운송물이 목적지에 도착한 후 수하인이 그 목적물(운송물)의 인도를 청구한 때에는 송하인보다 우선적 권리를 가진다(§124, 140①).[182]

2. 의무

수하인이 운송물을 수령한 때에는 운송주선인에 대하여 보수 기타 운송에 관한 비용과 체당금을 지급할 의무를 부담한다(§124, 141). 따라서 물건이 목적지에 도착한 경우라도 그 물건의 운송비가 지급되지 않았든가 운송 중에 운송을 위한 일정한 비용이 발생한 경우 수하인은 그 비용을 지급하지 않는 한 법정 권리를 행사할 수 없다.

Ⅳ. 순차운송주선

1. 개념

182) 여기서 「수하인」은 운송물건을 받을 사람을 말하고, 「송하인」은 물건을 보내는 사람을 말하며, 당연히 물건의 도착지에서는 물건을 받을 권리를 가지는 수하인이 송하인보다 그 물건의 수령에 있어 우선적 권리를 가지는 것이 원칙이다. 그러나 일정한 조건이 붙은 경우, 즉 대금지불을 수하인의 권리 취득 조건으로 정한 경우는 수하인이 그 대금의 지불의무를 이행하기 전에는 송하인보다 우선적 권리를 가지지 못한다.

1) 순차운송주선이란?

다수의 운송주선인이 하나의 운송물에 대한 운송을 순차적으로 주선하는 경우를 「順次運送周旋(순차운송주선)」이라 한다.

2) 순차운송주선의 종류

(1) 하수운송주선

하나의 운송주선인이 각지의 이행보조자, 즉 각지의 다른 운송인을 선정하는 것은 「下手運送周旋(하수운송주선)이라 한다. 즉, 최초의 운송주선인이 전 구간에 대한 운송주선계약을 체결하고 주선업무의 일부 또는 전부를 다른 운송주선인(이행보조자)을 통해 이행하는 형태를 말한다.

(2) 부분운송주선

중간운송을 요하는 운송물의 송하인이 각 구간의 운송에 관하여 각지의 운송주선인과 운송주선계약을 체결하는 것은 「부분운송주선」이라 한다.[183]

이러한 경우 구간별 운송주선인들은 각자 독립된 운송주선계약의 당사자로서 각 운송주선인 간에는 별도의 법률관계가 성립한다.

(3) 중간운송주선

첫 번째 운송주선인이 최초의 구간에 대한 운송주선을 인수하고, 다음 구간부터는 위탁자(송하인)의 계산으로 자신의 명의로 새로운 운송주선인을 선임하는 경우, 새로 선임된 운송주선인을 「중간운송주선

---

183) 예컨대, 갑이 A, B, C 세 구간으로 이루어지는 운송구간별로 별도의 운송주선계약을 체결하는 경우 각 구간별 운송주선인 a, b, c 등은 부분운송주선인으로서 각자 독립된 계약당사자의 지위를 가진다.

인」이라고 하는데, 상법상의 순차운송주선은 이러한 중간운송주선을 가리킨다.[184)]

2. 특칙

순차운송주선에 있어서 중간운송주선인은 첫 번째 운송주선인인 발송지운송주선인의 운송주선에 관한 권리를 행사할 의무를 부담한다(§147, 117①). 중간운송주선인이 발송지운송주선인에게 일정한 채무(운송비, 운송에 관한 비용, 체당금 등)를 변제한 때에는 발송지운송주선인이 그 운송주선으로 인해 가지는 권리를 취득하고(§117②), 중간운송주선인이 운송인에게 일정한 급부를 이행한 때에는 운송인이 그 운송으로 인해 가지는 권리(운임 기타 비용에 대한 채권)를 취득한다(§118).

마 운송인

Ⅰ. 운송인이란?

육상 또는 호수 · 하천 · 항만에서 물건 또는 여객의 운송을 영업으로 하는 자를 「運送人(운송인)」이라 하며(§125), 운송인은 크게 물건운송인과 여객운송인으로 구분한다.

---

184) 예컨대, 갑이 A, B, C 세 구간으로 이루어지는 운송의 주선을 위탁하면서 갑이 첫 번째 구간의 운송주선인 a만 선임하고 나머지 구간에 대한 운송주선인 b, c의 선임은 첫 번째 운송주선인 a에게 위탁하는 경우 b와 c가 중간운송주선인이 된다.

판례 (대법원 2002. 12. 10. 선고 2002다39364 판결)

상법 제788조 제2항 단서에 따라 화재로 인한 손해배상책임의 면제에서 제외되는 사유인 고의 또는 과실의 주체인 「운송인」이란, 상법이 위 제2항 본문에서는 운송인 외에 「선장, 해원, 도선사 기타의 선박사용인」을 명시하여 규정하고, 같은 조 제1항 및 제787조에서도 각 「자기 또는 선원 기타의 선박사용인」을 명시하여 규정하고 있는 점과 화재로 인한 손해에 관한 면책제도의 존재이유에 비추어 볼 때, 그 문언대로 운송인 자신 또는 이에 준하는 정도의 직책을 가진 자 만을 의미할 뿐이고, 선원 기타 선박사용인 등의 고의 또는 과실은 여기서의 면책제외사유에 해당하지 아니한다고 해석하여야 할 것이며, 위 조항이 상법 제789조의2 제1항 단서처럼 「운송인 자신의 고의」라는 문언으로 규정되어 있지 않다고 하여 달리 해석할 것이 아니다.

판례 (대법원 2011.06.09. 선고 2009두9062 판결)

갑 주식회사 소속 화물차 운전기사로 근무하던 중 사고를 당한 을이 요양승인신청을 하자 근로복지공단이 을은 근로자가 아닌 지입차주로서 사업자 지위에 있다는 이유로 요양불승인 처분을 한 사안에서, 을이 지입차주로서 갑 회사와 위탁차량관리계약을 체결하고 자신의 비용으로 차량을 관리하면서 필요한 경우 다른 차량이나 사람으로 대체할 수도 있을 정도로 자유로운 상태에서 화물을 운송하고 화물량에 따른 운임을 지급받았다면 운송수입을 목적으로 하는 사업자로 보는 것이 타당하다.

II. 물건운송의 법률관계

1. 운송인의 의무

1) 화물상환증교부의무

운송인이 운송물을 수령한 후 송하인의 요구가 있으면 貨物相換證(화물상환증)을 작성하여 교부하여야 한다(§128①).

판례 (대법원 2012.10.11. 자 2010마122 결정)

매도인과 매수인이 본선인도조건(F.O.B.)으로 수출입매매계약을 체결하면서도 매수인이 선복을 확보하지 않고 매도인이 수출지에서 선복을 확보하여 운송계약을 체결하되, 운임은 후불로 하여 운임후불(FREIGHT COLLECT)로 된 선하증권을 발행받아, 매수인이 수하인 또는 선하증권의 소지인으로서 화물을 수령할 때 운송인에게 운임을 지급하기로 약정한 경우, 특별한 사정이 없는 한 매수인이 매도인에게 자신을 대리하여 운송계약을 체결하는 권한을 부여하여 운송계약을 체결한 것으로 보아야 하므로 운송계약의 당사자는 해상운송인과 매수인이다.

2) 운송물의 수령, 인도 및 보관의무와 손해배상책임

운송인은 자기 또는 운송주선인이나 사용인 기타 운송을 위하여 사용한 자가 운송물의 수령, 인도, 보관 등의 의무를 부담하며, 이를 게을리 하여 운송물이 멸실, 훼손 또는 연착 등으로 발생한 손해에 대하여 배상책임을 진다(§135).

운송물이 멸실 또는 연착된 경우는 운송물을 인도할 날의 도착지의 시가에 의해 손해배상액을 산정한다(§137①, ②).

판례 (대법원 2009.10.15. 선고 2009다39820 판결)

해상운송화물이 통관을 위하여 보세창고에 입고된 경우에는 운송인과 보세창고업자 사이에 해상운송화물에 관하여 묵시적 임치계약이 성립한다. 따라서 보세창고업자는 운송인과의 임치계약에 따라 운송인 또는 그가 지정하는 자에게 화물을 인도할 의무가 있고, 한편 운송인은 선하증권상의 수하인이나 그가 지정하는 자에게 화물을 인도할 의무가 있으므로, 보세창고업자로서는 운송인의 이행보조자로서 해상운송의 정당한 수령인인 수하인 또는 수하인이 지정하는 자에게 화물을 인도할 의무를 부담하게 되는 바, 보세창고업자가 화물을 인도함에 있어서 운송인의 지시 없이 수하인이 아닌 사람에게 인도함으로써 수하인의 화물인도청구권을 침해한 경우에는 그로 인한 손해를 배상할 책임이 있다.

3) 고가물에 대한 손해배상책임의 제한

화폐, 유가증권 기타의 高價物(고가물)에 대한 손해배상은 송하인이 그 종류와 가액을 명시하여 운송을 위탁한 경우에 한해서 운송인이 배상책임을 진다(§136).[185]

2. 운송인의 권리와 의무

1) 화물명세서 교부 청구권

운송계약이 성립되면 운송인은 운송을 위해 송하인에게 화물명세

185) 이는 고가물에 대한 중요성을 운송인에게 고지하여 운송인으로 하여금 특별히 그 고가물에 대한 주의의무를 다할수 있도록 하기 위해 인정되는 것으로 해석된다.

서[186]의 교부를 청구할 수 있으며(§126①), 송하인이 화물명세서에 허위 또는 부정확한 내용을 기재함으로써 발생한 손해에 대하여 선의의 운송인은 그 손해배상을 청구할 수 있다(§127①, ②).

2) 운임 및 비용상환청구권

운송인은 독립상인이므로 운임 등에 관한 특약이 없더라도 수하인에게 운송물을 인도한 경우에는 수하인이나 송하인을 상대로 운임 기타 운송에 관한 비용과 체당금의 상환을 청구할 수 있다(§61, 141).

3) 유치권

운송인은 운송주선인과 동일한 留置權(유치권)을 가진다(§147, 120).

4) 운송물의 공탁 · 경매권

수하인을 알 수 없거나 수하인이 운송물의 인수거부 또는 운송물을 인수할 수 없게 된 경우 운송인은 그 운송물을 공탁 또는 경매할 수 있다(§142, 143).[187]

---

186) 화물명세서에는 송하인이 ① 운송물의 종류, 중량 또는 용적, 포장의 종별, 개수와 기호, ② 도착지, ③ 수하인과 운송인의 성명 또는 상호, 영업소 또는 주소, ④ 운임과 그 선급 또는 착급의 구별, ⑤ 화물명세서의 작성지와 작성연월일 등을 기재하고 기명날인 또는 서명하여야 한다(§126②). 이는 물건의 운송으로부터 발생하는 문제에 대한 책임소재를 명확히 하기 위해 상법이 명문으로 규정하고 있다. 이러한 화물명세서를 과거에는 「운송장」으로 불렀으나 2007. 8. 3. 상법개정에서 이를 개칭하고 있다.

187) 이러한 경우 운송인이 운송물의 경매를 하기 위해서는 송하인에 대하여 상당한 기간을 정하여 운송물을 어떻게 처분할 것인지에 대하여 지시해 줄 것을 최고하여도 그 기간 내에 송하인이 일정한 처분지시를 하지 않아야 한다(§142②). 그리고 운송인이 적법절차에 따라 운송물을 공탁이나 경매한 경우는 지체 없이 송하인에게 그 내용을 통지하여야 한다(§142③).

수하인의 운송물수령거부 또는 인수불능의 경우 운송인은 상당한 기간을 정하여 송하인 또는 수하인에게 운송물의 수령을 최고하여야 경매할 수 있는데, 운송인은 송하인에게 최고하기 전에 수하인에게 먼저 운송물의 수령을 최고하여야 한다(§143②).

운송인이 운송물에 대한 권리자(송하인, 화물상환증 소지인 및 수하인)를 알 수 없는 경우는 6월 이상의 기간을 정하여 관보나 일간신문에 2회 이상 公示催告(공시최고)를 하여야 하며, 이 공시최고 기간 내에 권리를 주장하는 자가 없는 때에는 운송물을 경매할 수 있다(§144①, ②, ③).

그러나 운송물의 수령에 대한 최고가 불가능하거나 운송물의 멸실 또는 훼손의 우려가 있는 경우는 최고 없이 경매할 수 있다(§145, 67②).[188)]

5) 운송인의 채권에 대한 소멸시효

운송인의 운송에 관한 채권은 1년 단기소멸시효에 걸린다. 따라서 운송인이 송하인 또는 수하인에 대하여 행사할 수 있는 위의 채권은 1년간 행사치 않으면 소멸시효가 완성된다(§147, 122).

6) 운송 및 주의의무

운송인은 운송계약에 따라 송하인으로부터 운송물을 수령하여 목적지까지 안전하게 운송하여 인도하여야 할 근본적인 의무를 부담하며,

---

188) 예컨대, 더운 여름날 부패의 위험이 높은 음식물을 운송하는 경우 최고에 소요되는 기간에 그 음식물이 상하게 되면 누구에게도 이익이 될 수 없기 때문에 이러한 경우는 최고의 절차를 생략하고 처분할 수 있도록 인정하고 있다.

운송기간 중에는 송하인으로부터 수령한 운송물의 보관등에 대하여 선량한 관리자의 주의의무를 부담한다.

7) 화물상환증 발행의무

운송인은 송하인의 청구가 있는 경우 일정한 법정 기재사항을 기재하고 기명날인 또는 서명한 화물상환증을 발행하여야 한다(§128).

(1) 화물상환증이란?

「화물상환증」이란 운송인이 운송물을 수령하였음을 확인하고 목적지에서 증권소지인에게 운송물을 인도할 의무를 부담하는 유가증권으로서 운송인이 그 화물상환증에 배서금지의 문언을 기재하지 않은 한 배서하여 양도할 수 있다(§130).[189]

(2) 법적 효력

① 화물상환증 기재의 효력

화물상환증이 발행된 경우에는 운송인과 송하인 사이에 화물상환증에 적힌 대로 운송계약이 체결되고 운송물을 수령한 것으로 추정하며, 화물상환증을 선의로 취득한 소지인에 대하여 운송인은 화물상환증에 적힌 대로 운송물을 수령한 것으로 보고 화물상환증에 적힌 바에 따라 운송인으로서 책임을 진다(§131 ①, ②).

② 채권적 효력

화물상환증의 소지인은 운송인에 대하여 운송계약상의 의무, 즉 운

189) 화물상환증은 운송인이 송하인으로부터 일정한 운송물을 수령하여 보관하고 있으며 정상적으로 목적지까지 운송을 완료하겠다는 보증의 내용까지 포함하는 증명서이며, 일반적으로 송하인이 운송인으로부터 교부받아 수하인에게 보내주면 수하인이 도착지에서 이 화물상환증을 제시하고 목적물의 인도를 요구할 수 있다.

송물의 인도 등을 청구할 수 있으며, 운송인의 채무불이행의 경우는 손해배상도 청구할 수 있다(§135).

그러나 증권 작성행위에 관한 하자(강박, 착오 등), 불가항력으로 인한 운송물의 멸실·훼손, 소멸시효에 의한 운송채권의 소멸 등의 경우 운송인은 화물상환증의 소지인에게 대항할 수 있다.

③ 물권적 효력

화물상환증에 의해 운송물을 인도 받을 수 있는 자에게 화물상환증이 교부된 때에는 그 운송물에 대한 소유권, 유치권, 質權(질권), 위탁매매인의 處分權(처분권) 등 운송물에 관한 물권의 취득에 대하여는 운송물을 인도한 것과 동일한 효력이 있다(§133).

이러한 물권적 효력이 발생하기 위해서는 운송물이 실제로 존재하고 그 운송물을 운송인이 점유하고 있어야 하며, 화물상환증에 의해 그 운송물을 받을 수 있는 화물상환증의 정당한 소지인이 존재하여야 한다.[190]

8) 운송물 처분의무

송하인 또는 화물상환증 소지인이 운송인에게 운송의 중지, 운송물의 반환 기타의 처분을 청구한 경우 그 청구에 따른 처분을 하여야 하지만 이미 운송한 부분에 대해서는 그 비율에 따른 운임, 체당금과 처분으로 인한 비용의 지급을 청구할 수 있다(§139).

9) 운송물 인도의무

---

190) 따라서 운송인이 운송물을 분실하여 점유를 상실하였든가 분실된 화물상환증의 습득자가 화물상환증을 소지하고 있는 경우 그 화물상환증의 물권적 효력을 주장할 수 없다.

운송물이 도착지에 도착하고 적법한 권리자의 인도청구가 있으면 운송인은 그에게 운송물을 인도하여야 한다.

운송물이 도착지에 도착한 경우 수하인과 송하인 모두가 운송물의 인도를 청구할 수 있으나 도착지에서는 수하인이 송하인보다 운송물 인도청구에 있어 우선적 권리를 가진다(§140①, ②).

수하인이 운송물을 수령한 때에는 운송인에 대하여 운임 기타 운송에 관한 비용과 체당금을 지급하여야 한다(§142).

10) 손해배상책임

운송인은 자기 또는 운송주선인이나 사용인 기타 운송을 위하여 사용한 자가 운송물의 수령, 인도, 보관과 운송에 관하여 주의를 게을리하지 않았음을 입증하지 못하는 한 운송물의 멸실, 훼손 또는 연착으로 인한 손해를 배상하여야 한다(§135).

(1) 고가물에 대한 손해배상책임

화폐, 유가증권 기타의 고가물에 대해서는 송하인이 운송을 위탁할 때에 그 종류와 가액을 명시한 경우에만 운송인이 손해배상책임을 부담한다(§136). 따라서 고가물에 대한 운송을 부탁할 경우는 반드시 고가물에 대한 내용을 명시하여야 예상치 못한 손해에 대한 배상을 받을 수 있다.

(2) 손해배상액의 산정

①운송물의 전부 또는 일부가 멸실, 훼손 또는 연착된 경우는 운송물을 인도한 날의 도착지 가격을 기준으로 손해배상액을 정한다(§137①, ②).

②운송물의 멸실, 훼손 또는 연착이 운송인의 고의 또는 중대한 과실로 인한 경우는 운송인이 모든 손해를 배상하여야 한다(§137③).

그러나 운송물의 멸실 또는 훼손으로 인하여 지급을 요하지 않는 운임 기타 비용은 손해배상액에서 공제한다(§137④).

11) 운송인의 책임 소멸

(1) 원칙

운송인의 운송에 관한 책임은 하수인 또는 화물상환증 소지인이 유보 없이 운송물을 수령하고 운임 기타의 비용을 지급한 때에 소멸한다(§146① 전문). 이는 운송인 또는 그 사용인이 악의인 경우는 적용되지 않는다(§146②).

(2) 예외

운송물에 즉시 발견할 수 없는 훼손 또는 일부멸실이 있는 경우에는 운송물을 수령한 날로부터 2주간 내에 운송인에게 그 내용을 통지한 때에는 운송인의 책임이 소멸하지 않는다(§146①단서).

따라서 수하인등이 운송물을 수령하여 2주간 내에 발견할 수 없는 운송물의 훼손이나 일부멸실 등에 대해서는 법적 구제 방법이 없어 이에 대한 입법적 보완이 요구된다.

Ⅲ. 여객운송의 법률관계

1. 여객에 대한 여객운송인의 손해배상책임

여객운송인은 자기 또는 사용인의 과실로 여객이 운송으로 인해 입은 신체 · 생명에 관한 손해, 연착으로 인한 손해, 정신적 손해 등 모든 손해를 배상하여야 하는 것이 원칙이다.

그러나 운송인등이 운송에 관한 주의의무를 게을리 하지 아니하였음을 증명한 경우는 손해배상책임을 부담하지 않는다(§148①).[191]

여객운송인의 손해배상액을 산정하는 경우 법원은 피해자와 그 가족의 정상을 참작하여야 한다(§148②).[192]

여객운송인의 손해배상책임을 묻기 위해서는 정상적인 여객운송계약이 체결되어야 한다. 왜냐하면 여객인의 손해배상책임은 여객운송계약에 의해 발생하는 법률효과이기 때문이다.

판례 (대법원 1991.11.08. 선고 91다20623 판결)

입장권을 소지한 사람이 객차 안까지 들어가 전송을 한 다음 진행중인 열차에서 뛰어 내리다가 사망한 사고에 있어 입장권 발매로써 여객운송계약이 체결되었다고 볼 수 없고 아울러 위 사고가 오로지 위 망인이 안내방송에 따라 우선 열차 내에 오르지 아니하여야 하고 승차한 경우라도 열차 출발 전에 조속히 하차하여야 하는 등 주의의무를 위반한 과실로 발생하였다 하여 국가(철도청)의 여객운송인으로서의 책임이나 사용자책임을 인정할 수 없다.

191) 여객운송인은 자기 자신 또는 사용인이 주의의무를 게을리 하지 않았음을 입증하지 못하면 손해배상책임을 면할 수 없으며, 이러한 운송인의 주의의무는 차량 등의 운송에만 국한되지 않고 차량 내의 설비에 대한 안전점검 기타 승무원의 관리범위에 속하는 사항에 대해서도 주의의무의 범위에 해당한다는 것이 판례의 입장이다.

192) 이는 여객운송으로 인해 발생한 손해배상에는 위자료도 포함되는 것을 의미하며, 이 위자료의 산정에는 피해자의 사회적·경제적 지위 및 생활의 정도 등을 감안하여야 한다는 것으로 해석된다.

판례 (대법원 1987.10.28. 선고 87다카1191 판결)

상법 제830조에 의하여 준용되는 같은법 제148조의 규정은 여객이 해상운송도중 그 운송으로 인하여 손해를 입었고 또 그 손해가 운송인이나 그 사용인의 운송에 관한 주의의무의 범위에 속하는 사항으로 인하였을 경우에 한하여 운송인은 자기 또는 사용인이 운송에 관한 주의를 게을리 하지 아니하였음을 증명하지 아니하는 한 이를 배상할 책임을 면할 수 없는 것이지 여객이 피해를 입기만 하면 그 원인을 묻지 않고 그 책임을 지우는 취지는 아니라 할 것이므로 여객이 입은 손해라도 그것이 운송으로 인한 것이라거나 운송인 또는 그 사용인의 운송에 관한 주의의무의 범위에 속하지 아니하는 한 운송인은 그로인한 손해를 배상할 책임이 없다.

해상여객운송에 있어서 운송인이 승선자의 수와 하선자의 수를 확인하지 아니하였다고 하여 그것이 이 사건 사고의 원인이 될 운송에 관한 주의의무의 범위에 속한다고 할 수 없다. 따라서 승객이 배에 승선하였다가 승선권을 가지고 무단으로 하선 한 후 불명으 사고로 사망한 경우 해상여객운송인은 그에 대한 손해배상책임이 없다.

2. 수하물에 대한 여객운송인의 손해배상책임

여객운송인은 여객으로부터 인도받은 수하물에 관하여는 별도의 운임을 받지 아니하였더라도 물건운송인과 동일한 손해배상책임을 부담하며(§149①, 135~137), 수하물이 도착지에 도착한 날로부터 10일 내에 여객이 그 화물의 인도를 청구하지 아니한 때에는 상사매매의 매도인과 마찬가지로 공탁 및 경매권이 인정된다(§149② 전문, 69).

여객의 주소 또는 거소를 알지 못하는 경우 여객운송인이 이러한 공탁 및 경매권을 행사하는 때에는 여객에 대한 최고와 통지를 요하지 않는다(§149② 단서).

그러나 여객이 운송인에게 맡기지 않고 직접 휴대한 수하물이 멸실 또는 훼손된 경우는 여객운송인 또는 그 사용인의 과실로 인한 경우를 제외하고는 손해배상책임을 부담하지 않는다(§150).

바 공중접객업

Ⅰ. 공중접객업이란?

극장, 여관, 음식점 그 밖의 공중이 이용하는 시설에 의한 거래의 영업을 「公衆接客業(공중접객업)」이라 하고, 이를 영업으로 하는 자를 「공중접객업자」라 한다(§151).

판례 (대법원 1998. 12. 8. 선고 98다37507 판결)

공중접객업자와 객 사이에 임치관계가 성립하려면 그들 사이에 공중접객업자가 자기의 지배영역 내에 목적물 보관의 채무를 부담하기로 하는 명시적 또는 묵시적 합의가 있음을 필요로 한다고 할 것이고, 여관 부설주차장에 시정장치가 된 출입문이 설치되어 있거나 출입을 통제하는 관리인이 배치되어 있는 등 여관 측에서 그 주차장에의 출입과 주차시설을 통제하거나 확인할 수 있는 조치가 되어 있다면, 그러한 주차장에 여관투숙객이 주차한 차량에 관하여는 명시적인 위탁의 의사표시가 없어도 여관업자와 투숙객 사이에 임치의 합의가 있는 것으로 볼 수 있다.

그러나 공중접객업자가 이용객들의 차량을 주차할 수 있는 주차장을 설치하면서 그 주차장에 차량출입을 통제할 시설이나 인원을 따로 두지 않았다면, 그 주차장은 단지 이용객의 편의를 위한 주차장소로 제공된 것에 불과하고, 공중접객업자와 이용객 사이에 통상 그 주차차량에 대한 관리를 공중접객업자에게 맡긴다는 의사까지는 없다고 봄이 상당하므로, 공중접객업자에게 차량시동열쇠를 보관시키는 등의 명시적이거나 묵시적인 방법으로 주차차량의 관리를 맡겼다는 등의 특수한 사정이 없는 한, 공중접객업자에게 선량한 관리자의 주의로써 주차차량을 관리할 책임은 없다.

II. 공중접객업자의 손해배상책임

1. 임치 받은 물건에 대한 책임

공중접객업자는 자신 또는 사용인이 고객으로부터 任置(임치) 받은 물건에 대하여 보관에 관한 주의의무를 게을리 하지 아니하였음을 증명하지 못하면 임치 받은 물건의 멸실 또는 훼손에 대한 손해배상책임을 부담한다(§152①).[193)]

공중접객업자에게 이러한 손해배상책임을 묻기 위해서는 공중접객업자와 고객 사이에 임치관계가 성립하여야 하는데, 이를 위해서는 공중접객업자와 고객 사이에 목적물 보관에 관한 합의가 있어야 한다. 이때 합의는 명시적이든 묵시적이든 상관없다.

193) 이 책임을 운송주선인, 운송인, 창고업자 등이 無過失(무과실)만 입증하면 면책되는데 비해 불가항력으로 인한 것임을 입증해야 하는 무거운 책임을 부담시키던 과거의 상법과 달리 지금은 공중접객업자도 무과실만 입증하면 책임을 면하도록 그 책임을 완화하고 있다.

판례 (대법원 2009.10.15. 선고 2009다42703,42710 판결)

여관이나 음식점 등의 공중접객업소에서 주차 대행 및 관리를 위한 주차요원을 일상적으로 배치하여 이용객으로 하여금 주차요원에게 자동차와 시동열쇠를 맡기도록 한 경우에 위 자동차는 공중접객업자가 보관하는 것으로 보아야 하고 위 자동차에 대한 자동차 보유자의 운행지배는 떠난 것으로 볼 수 있다. 그러나 자동차 보유자가 공중접객업소의 일반적 이용객이 아니라 공중접객업자와의 사업 · 친교 등 다른 목적으로 공중접객업소를 방문하였음에도 호의적으로 주차의 대행 및 관리가 이루어진 경우, 일상적으로는 주차대행이 행하여지지 않는 공중접객업소에서 자동차 보유자의 요구에 의하여 우발적으로 주차의 대행 및 관리가 이루어진 경우 등 자동차 보유자가 자동차의 운행에 대한 운행지배와 운행이익을 완전히 상실하지 아니하였다고 볼 만한 특별한 사정이 있는 경우에는 달리 보아야 한다.

2. 임치 받지 않은 물건에 대한 책임

공중접객업자가 고객으로부터 특별히 임치 받지 아니하고 고객이 시설 내에서 휴대한 물건이 자기 또는 그 사용인의 과실로 인하여 멸실 또는 훼손되었을 때에는 손해배상책임이 있다(§152②).

이때 공중접객업자의 과실에 대한 立證責任(입증책임)은 물건을 휴대한 고객에게 있다.

이 책임은 여객의 휴대수하물에 대한 운송인의 책임과 동일하며, 당사자 간의 약정에 의해 면책될 수 있으나 단순하게 「손님의 휴대물에 대하여 책임지지 않는다」는 게시만으로는 손해배상책임을 면치 못한다(§152③).

3. 고가물에 대한 손해배상책임

운송주선인이나 운송인과 같이 공중접객업자도 화폐, 유가증권 그 밖의 고가물에 대하여 고객이 그 종류와 가액을 명시하여 임치하지 않는 한 그 물건의 멸실·훼손으로 인한 손해배상책임을 부담하지 않는다(§153). 이러한 경우 공중적객업자는 보통물로서의 손해배상책임 마저도 부담하지 않는다.

4. 인적 손해에 관한 배상책임

위에서 살펴본 바와 같이 상법은 공중접객업자의 손해배상책임으로 물적 손해에 관하여만 규정하고 있고, 인적 손해에 관한 배상책임에 관한 규정은 두고 있지 않다. 따라서 공중접객업자의 지배하에 있는 시설에서 발생한 고객의 인적 손해에 관해서는 논쟁의 여지가 있는데, 이러한 경우 현재로서는 공중접객업자에 대하여 불법행위로 인한 손해배상책임을 물을 수밖에 없기 때문에 상법에서 공중접객업자의 인적손해배상 규정을 신설하는 방안도 적극적으로 검토되어야 한다고 본다.

판례 (대법원 2000.11.24. 선고 2000다38718 판결)

공중접객업인 숙박업을 경영하는 자가 투숙객과 체결하는 숙박계약은 숙박업자가 고객에게 숙박을 할 수 있는 객실을 제공하여 고객으로 하여금 이를 사용할 수 있도록 하고 고객으로부터 그 대가를 받는 일종의 일시 사용을 위한 임대차계약으로서 객실 및 관련 시설은 오로지 숙박업자의 지배 아래 놓여 있는 것이므로 숙박업자는 통상의 임대차와 같이 단순히 여관 등의 객실 및 관련 시설을 제공하여 고객으로 하여금 이를 사용 · 수익하게 할 의무를 부담하는 것에서 한 걸음 더 나아가 고객에게 위험이 없는 안전하고 편안한 객실 및 관련 시설을 제공함으로써 고객의 안전을 배려하여야 할 보호의무를 부담하며 이러한 의무는 숙박계약의 특수성을 고려하여 신의칙상 인정되는 부수적인 의무로서 숙박업자가 이를 위반하여 고객의 생명 · 신체를 침해하여 투숙객에게 손해를 입힌 경우 불완전이행으로 인한 채무불이행책임을 부담하고, 이 경우 피해자로서는 구체적 보호의무의 존재와 그 위반 사실을 주장 · 입증하여야 하며 숙박업자로서는 통상의 채무불이행에 있어서와 마찬가지로 그 채무불이행에 관하여 자기에게 과실이 없음을 주장 · 입증하지 못하는 한 그 책임을 면할 수 없다.

숙박업자가 숙박계약상의 고객 보호의무를 다하지 못하여 투숙객이 사망한 경우, 숙박계약의 당사자가 아닌 그 투숙객의 근친자가 그 사고로 인하여 정신적 고통을 받았다 하더라도 숙박업자의 그 망인에 대한 숙박계약상의 채무불이행을 이유로 위자료를 청구할 수는 없다.

5. 단기소멸시효

1) 일부 멸실 또는 훼손의 경우

공중접객업자가 임치 받은 물건의 일부가 멸실 또는 훼손된 경우는 고객에게 그 물건을 반환한 후 6월이 경과한 때, 임치 받지 아니한 물건인 경우는 고객이 그 물건을 가져간 후 6월이 경과하면 공중접객업자의 손해배상책임은 소멸한다(§154①).

2) 전부 멸실의 경우

고객이 공중접객업자의 영업시설로부터 퇴거한 후 6월이 경과하면 공중접객업자의 물건 전부 멸실에 대한 손해배상책임이 소멸한다(§154②).

3) **악의의 경우**

공중접객업자의 손해배상책임의 단기소멸시효는 공중접객업자나 그 사용인이 선의인 경우에만 적용되고, 악의의 경우는 일반상사채권의 소멸시효인 5년에 걸린다(§154③).

창고업

Ⅰ. 창고업이란?

타인을 위하여 창고에 물건을 보관(임치)해 주고 일정한 수수료를 받는 영업을 「倉庫業(창고업)」이라 하고, 이를 영업으로 하는 상인을 「창고업자」라 한다(§155).

受置人(수치인)이 任置物(임치물)의 소유권을 취득하고 그 후 동종, 동질, 동량의 다른 물건을 반환하는 「消費任置(소비임치)」[194]는 창고업에 해당하지 않지만, 목재나 석탄의 야적장은 창고에 해당한다.[195]

---

194) 예컨대, 저유소에 일정량의 특정 유류를 보관한 후 필요한 때에 과거에 보관한 특정 유류와 동종·동량·동질의 유류를 반환받는 경우가 이에 해당한다.

195) 일반적으로 「창고」는 물건의 보관에 사용되는 건물을 지칭하지만 임치할 물건이 목재나 석탄 등과 같이 건물이 아니지만 그 목적물의 보관에 적합한 경우는 야적장과 같은 시설도 창고로 볼 수 있다.

II. 창고업자의 의무

1. 창고증권교부의무

창고업자는 任置人(임치인)의 청구가 있으면 일정한 법정 기재사항[196)]을 기재한 倉庫證券(창고증권)을 교부하여야 한다(§156①).

「창고증권」은 창고업자가 임치물을 수령하였다는 것을 증명하고, 그 소지인에게 임치물에 대한 引渡義務(인도의무)를 표창한 유가증권으로서 배서금지문구의 기재가 없는 한 양도가 가능하다(§157, 130).[197)]

창고증권이 발행되면 그 발행일을 기점으로 창고증권에 기재된 임치물의 소유권은 창고증권상의 명의인이 취득하게 되고, 창고증권 발행일 이후부터 그 임치물에 대한 창고료, 보험료 및 임치물에 관한 멸실·훼손으로 인한 손해 등도 창고증권상의 명의인이 부담한다.

판례 (대법원 1963.05.30. 선고 63다188 판결)

입고된 물건에 관하여 창고증권이 발행되면 그 발행일자 이후에는 그 창고증권의 명의인이 그 물건에 대하여 소유권을 취득하고 따라서

196) 창고증권에는 다음의 사항을 기재하고 창고업자가 기명날인 또는 서명하여야 한다. ① 임치물의 종류, 품질, 수량, 포장의 종별, 개수와 기호, ② 임치인의 성명 또는 상호, 영업소 또는 주소, ③ 보관장소, ④ 보관료, ⑤ 보관기간을 정한 때에는 그 기간, ⑥ 임치물을 보험에 붙인 때에는 보험금액, 보험기간과 보험자의 성명 또는 상호, 영업소 또는 주소, ⑦ 창고증권의 작성지와 작성년월일 등.

197) 창고증권소지인은 창고업자에게 그 증권을 반환하고 임치물을 분할하여 각 부분에 대한 창고증권의 교부를 청구할 수 있는데, 이로 인한 비용은 증권소지인이 부담하여야 한다(§158).

그 뒤에 생기는 창고료, 화재보험료는 물론, 감량 등에 대한 책임도 그 명의인이 져야 될 것이다.

2. 임치물보관의무

창고업자는 창고임치계약에 의하여 임치물을 보관해야 할 의무를 부담하며, 이때 계약의 유·무상을 불문하고 선량한 관리자의 주의로 임치물을 보관하여야 한다(§62).

임치기간은 창고업자와 임치인 간의 합의에 의해 정해지는 것이 일반적이지만, 당사자 간에 임치기간을 정하지 아니한 경우 창고업자는 임치물을 받은 날로부터 6월이 경과하면 임치기간이 만료한다. 임치기간을 정하지 아니한 경우 임치일로부터 6월이 경과하면 창고업자는 임치인에게 2주 전에 반환예고를 하고 임치물을 반환할 수 있다(§163①, ②).

3. 임치물의 검사·견품적취·보존처분의 허용의무

임치인이나 창고증권의 소지인이 영업시간 내에 임치물의 검사나 견품의 摘取(적취)[198] 또는 보존에 필요한 처분을 요구하는 경우 이에 대한 적절한 처분을 하여야 한다(§161).

4. 임치물의 훼손·하자 등의 통지의무

창고업자가 임치물을 인도 받은 후 그 임치물의 훼손이나 하자를 발

198) 여기서 「임치물의 적취」란 임치물의 매도 또는 입질을 위해 견품을 가져가는 것을 말한다.

견한 경우 또는 부패의 우려가 있는 경우는 지체없이 임치인 또는 창고증권의 소지인에게 통지를 하여야 한다(§168, 108①).[199]

5. 임치물의 반환의무

임치기간이 만료되고 임치인 또는 창고증권소지인의 임치물반환 요구가 있으면 창고업자는 임치물을 반환하여야 하며, 임치기간의 약정에도 불구하고 임치기간 만료 전이라도 임치인의 반환요구가 있으면 임치물을 반환하여야 한다(민법 §689①).

그러나 임치기간 이전의 임치물반환 요구에 따른 임치물 반환으로 창고업자에게 손해가 발생한 경우는 임치물 반환청구인이 그 손해를 배상하여야 한다(민법 §689②).

판례 (대법원 2009.10.15. 선고 2009다39820 판결)

해상운송화물이 통관을 위하여 보세창고에 입고된 경우에는 운송인과 보세창고업자 사이에 해상운송화물에 관하여 묵시적 임치계약이 성립한다. 따라서 보세창고업자는 운송인과의 임치계약에 따라 운송인 또는 그가 지정하는 자에게 화물을 인도할 의무가 있고, 한편 운송인은 선하증권상의 수하인이나 그가 지정하는 자에게 화물을 인도할 의무가 있으므로, 보세창고업자로서는 운송인의 이행보조자로서 해상운송의 정당한 수령인인 수하인 또는 수하인이 지정하는 자에게 화물을 인도할 의무를 부담하게 되는 바, 보세창고업자가 화물을 인도함에 있어서 운송

199) 창고업자가 임치물의 훼손, 하자 등에 대한 내용을 임치인에게 통지한 경우 임치인의 지시를 받을 수 없거나 그 지시가 지연되는 때에는 창고업자는 임치인의 이익을 위하여 적당한 처분을 할 수 있다(§168, 108②).

인의 지시 없이 수하인이 아닌 사람에게 인도함으로써 수하인의 화물인도청구권을 침해한 경우에는 그로 인한 손해를 배상할 책임이 있다.

6. 손해배상책임과 소멸시효

창고업자 또는 그의 사용인이 주의의무를 게을리 하여 임치물이 멸실 또는 훼손된 경우 창고업자는 자신의 무과실을 입증하지 못하는 한 그에 대한 손해배상책임을 진다(§160).

임치인이나 창고증권의 소지인이 아무런 유보 없이 임치물을 수령하고 보관료 기타의 비용을 지급한 때에는 손해배상책임이 소멸하며, 임치물의 하자를 즉시 발견할 수 없는 경우에는 임치물을 수령한 후 2주 내에 창고업자에게 그를 통지하여야 손해배상책임이 소멸하지 않는다(§168, 146①).

창고업자의 손해배상책임은 임치물을 출고한 날로부터 1년이 경과하면 소멸시효가 완성되며(§166①), 임치물이 전부 멸실한 경우는 임치인과 알고 있는 창고증권 소지인에게 임치물의 멸실을 통지한 날로부터 1년이 경과하면 소멸시효가 완성된다(§166②).

그러나 惡意(악의)의 창고업자나 그 사용인에 대해서는 이러한 소멸시효 규정이 적용되지 않는다(§166③).

Ⅲ. 창고업자의 권리

1. 보관료 및 비용상환청구권

창고업자도 독립상인이므로 無償任置(무상임치)가 아닌 한 특약이 없어도 임치인 또는 창고증권의 소지자에게 보관료청구 및 비용상환청구를 할 수 있다(§61, 162).

그러나 창고업자의 보관료 및 비용상환청구권은 창고업자가 임치인이나 창고증권소지인에게 임치물을 출고하거나 임치기간이 만료된 후가 아니면 청구할 수 없다(§162①). 또한 임치물의 일부만 출고한 경우는 그 비율에 따른 보관료 및 비용만을 청구할 수 있다(§162②).

2. 유치권

창고업자는 임치인이 상인인 경우에는 임치물에 대하여 상인 간의 상사유치권을 가지며(§58), 임치인이 비상인인 경우는 임치물에 대하여 민법상의 유치권을 가진다(민법 §320).

창고업자의 유치권은 창고업자의 보관비청구권을 확보하도록 보호하기 위해 인정되는 것이므로 정당한 사유 없이 창고업자의 유치권을 제한하는 것은 무효이다.

판례 (대법원 2009.12.10. 선고 2009다61803 판결)

금융기관인 양도담보권자가 양도담보 목적물을 보관하는 창고업자로부터 '창고주는 양도담보권자가 담보물 임의처분 또는 법적 조치 등 어떠한 방법의 담보물 환가와 채무변제 충당시에도 유치권 등과 관련된 우선변제권을 행사할 수 없다'는 문구가 부동문자로 인쇄된 확약서를 제출받은 사안에서, 이는 창고업자가 보관료 징수 등을 위하여 공평의 관점에서 보유하는 권리인 유치권의 행사를 상당한 이유 없이 배제하고 일방적으로 금융기관인 양도담보권자의 담보권 실행에 유리한 내용의 약관 조항으로서, 고객에게 부당하게 불리하고 신의성실의 원칙에 반하여 공정을 잃은 것이므로 무효이다.

3. 공탁권 · 경매권

창고업자가 임치물을 반환하려고 해도 임치인이나 창고증권의 소지인이 그 수령을 거절하거나 수령할 수 없는 경우 창고업자는 그 임치물을 공탁할 수 있으며, 또한 상당한 기간을 정하여 최고한 후 경매할 수 있다(§165, 67①).

수령권자에게 최고가 불가능한 경우는 최고의 절차 없이 경매할 수 있으며, 경매비용은 공탁하여야 하는데 보관료 기타 비용으로 이를 충당할 수 있다.

4. 창고업자의 채권에 대한 소멸시효

창고업자의 수령권자에 대한 채권은 임치물을 출고한 날로부터 1년간 행사하지 않으면 소멸시효가 완성한다(§167).

아 금융리스업

Ⅰ. 개념

1. 금융리스업이란?

금융리스이용자가 선정한 기계, 시설, 그 밖의 재산(금융리스물건)을 제3자(공급자)로부터 취득하거나 대여 받아 금융리스이용자에게 이용하게 하는 물적금융영업을 「금융리스업」이라 하고, 이러한 영업을 하는 자를 「금융리스업자」라 한다(§46 제19호, 168의 2). 즉, 리스이용자(lessee)가 선정한 물건을 금융리스업자(lessor)가 공급자(supplier)로부터 취득하거나 대여 받아 그 목적물에 대한 유지·관리 책임을 부담하지 않으면서 일정한 기간(리스기간) 리스이용자가 목적물을 사용·수익하게 하고, 정기적으로 리스료를 분할 지급 받으며, 리스기간 종료 후의 목적물의 처분에 관한 사항은 당사자 간의 약정으로 정하는 물적 금융이다(여신전문금융법 §2, 10호).

판례 (대법원 2001. 11. 27. 선고 99다61736 판결)

리스물건 이용자가 리스물건 공급자에 대하여 정당한 이유 없이 리스 목적물의 인수를 거절하고 물건수령증을 발급하지 않고 있는 경우에는 신의성실의 원칙상 물건수령증이 발급된 것과 같이 보아 리스물건 공급자로서는 리스물건에 대한 자신의 의무를 모두 이행한 것으로 봄이 상당하므로 금융리스업자는 공급자에 대하여 리스물건의 발주계약을 해제할 수 없다.

2. 구분개념

1) 렌탈

렌탈 회사가 단시간에 걸쳐 불특정다수의 이용자에게 한정된 종류의 汎用性(범용성) 있는 물건(자동차, 정수기, 컴퓨터, 복사기 등)을 대여하는 영업을 「렌탈」이라고 하는데,[200] 이는 일반적으로 특별한 물건

---

200) 이를 「운용리스」라고도 한다(이상수, 앞의 책, 219~220쪽 참조).

을 장기간 사용 · 수익케 하는 리스와 구분된다.

그러나 현실적으로 자동차와 같은 범용성 있는 물건도 렌탈의 대상이 되는 경우도 있고, 렌탈기간도 장기화되고 있는 추세이기 때문에 양자의 구분 실익은 무의미해져 가고 있는 실정이다.

판례 (대법원 2013.07.12. 선고 2013다20571 판결)

금융리스는 리스이용자가 선정한 특정 물건을 리스회사가 새로이 취득하거나 대여받아 리스물건에 대한 직접적인 유지 · 관리 책임을 지지 아니하면서 리스이용자에게 일정 기간 사용하게 하고 대여 기간 중에 지급받는 리스료에 의하여 리스물건에 대한 취득 자금과 이자, 기타 비용을 회수하는 거래관계로서, 그 본질적 기능은 리스이용자에게 리스물건의 취득 자금에 대한 금융 편의를 제공하는 데에 있다.

따라서 갑 주식회사와 을이 체결한 정수기 대여계약에 기한 월 대여료 채권의 소멸시효 기간이 문제 된 사안에서, 위 대여계약은 갑 회사가 보유하는 정수기를 그 사용을 원하는 을 등 불특정 다수를 대상으로 대여하기 위하여 체결한 것으로서 본질이 리스물건의 취득 자금에 대한 금융 편의 제공이 아니라 리스물건의 사용 기회 제공에 있는 점, 위 대여계약에서 월 대여료는 갑 회사가 을에게 제공하는 취득 자금의 금융 편의에 대한 원금의 분할변제와 이자 · 비용 등의 변제 성격을 가지는 것이 아니라 정수기의 사용 대가인 점 등에 비추어 위 대여계약은 금융리스에 해당한다고 볼 수 없으므로, 위 대여계약에 기한 월 대여료 채권은 민법 제163조 제1호에 정한 '사용료 기타 1년 이내의 기간으로 정한 금전의 지급을 목적으로 한 채권'으로서 소멸시효 기간은 3년으로 보아야 하고, 상사소멸시효 5년을 적용해서는 아니된다.

2) **할부판매**

할부판매의 경우는 목적물의 소유권 이전이 발생하는데 반해, 리스의 경우는 일반적으로 목적물의 소유권을 금융리스업자가 보유한 채 목적물의 사용 · 수익권만 리스이용자에게 허용하다가 리스기간이 만료된 후 소유권 이전여부에 대하여 당사자 간에 합의로서 결정한다. 따라서 리스의 경우도 당사자 간의 합의에 의해 리스기간 후에도 소유권에 대한 이전이 발생하지 않을 수도 있다.

3) **임대차**

賃貸借(임대차)의 경우는 목적물의 소유자인 임대인에게 목적물의 유지 · 관리책임, 瑕疵擔保責任(하자담보책임), 危險負擔(위험부담) 등의 의무가 인정되고 임차인과 임대인의 契約解止權(계약해지권)도 인정되지만, 리스의 경우는 목적물의 소유자인 금융리스업자가 목적물의 유지 · 관리책임, 하자담보책임, 위험부담 등의 의무를 부담하지 않으며, 원칙적으로 계약기간 내에는 계약의 해지가 불가능하다. 또한 임대차의 경우는 계약기간 만료 후에는 목적물을 반환하는 것이 일반적이지만 리스의 경우는 계약기간 만료 후 목적물의 반환의무가 발생하지 않는 것이 대부분이다.

판례 (대법원 1987.11.24. 선고 86다카2799 판결)

리스(시설대여)계약은 리스(시설대여)회사가 리스이용자가 선정한 특정물건을 새로이 취득하여 그 물건에 대한 직접적인 유지관리책임을 지지 아니하면서 리스이용자에게 일정기간 사용케 하고 그 기간에 걸쳐 일정대가를 정기적으로 분할지급받음으로써 그 투자금을 회수하는 것을 내용으로 하는 것으로서 형식에 있어서는 임대차계약과 유사하나 그 실질은 물적금융이고 임대차계약과는 여러가지 다른 특질이 있기 때문에 리스(시설대여)계약은 민법의 임대차에 관한 규정이 바로 적용되지 아니한다.

3. 리스의 구조

리스는 일반적으로 리스이용자가 공급자를 접촉하여 목적물을 선정한 뒤 리스이용자와 금융리스업자 간에 리스계약을 체결하고, 이 리스계약에 의해 금융리스업자가 공급자와 리스목적물에 관한 매매계약을 체결하고, 이 매매계약에 의해 공급자가 리스이용자에게 리스목적물을 인도하면 리스이용자는 그 리스목적물을 이용하고, 그에 대한 대가를 금융리스업자에 대하여 리스료의 명목으로 지급하고, 리스계약 기간 만료 후 리스목적물의 소유권을 리스이용자에게 이전할 것인지 여부는 리스이용자와 금융리스업자 간의 리스계약으로 결정하는데, 일반적으로 리스계약기간이 만료되면 리스목적물의 소유권을 리스이용자에게 이전하는 구조로 이루어지고 있다.

금융리스관계의 구조

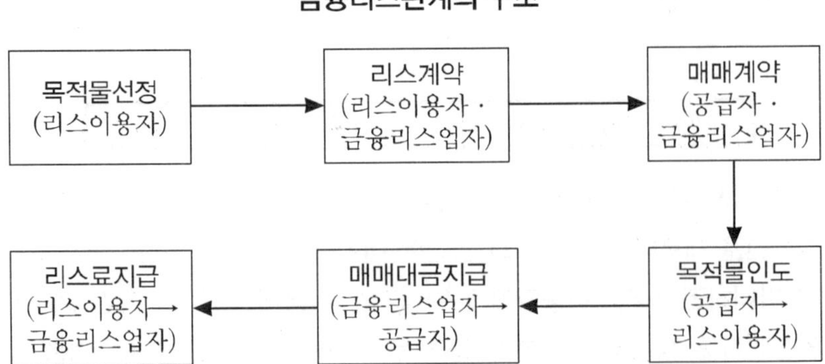

II. 종류와 형태

1. 종류

1) 금융리스

금융리스업자가 이용자에게 기계, 설비 등의 리스물건의 구입자금을 융자해 주는 대신 리스물건을 구입해서 대여해 주는 리스를 「금융리스(finance lease)」라 하며, 이는 일반적으로 목적물의 사용가능연수를 리스기간으로 정하기 때문에 계약기간이 장기적이고, 리스기간 중 리스이용자의 중도해지가 허용되지 않으며, 목적물의 유지·관리의무, 납세의무 및 위험부담을 리스이용자가 부담한다.

판례 (대법원 2012.03.29. 선고 2010다16199 판결)

원심에서 피고는, 리스회사인 원고와 리스이용자 소외인 사이에 체결된 이 사건 리스계약에서 정한 계약해지사유가 발생하면 원고의 요청에 따라 리스물건 공급자인 피고가, 리스물건의 상태 및 존재 유무에 상관없이, 이 사건 리스계약에서 정한 규정손해금을 매입대금으로 하여 무조건 리스물건을 매수하여야 한다는 내용의 이 사건 재매입약정의 일부 조항들(이 사건 재매입약정 제3조 제1, 2, 7항)이 구 약관의 규제에 관한 법률(2010. 3. 22. 법률 제10169호로 개정되기 전의 것, 이하 '약관규제법'이라 한다) 제6조 제1항 및 제2항 제1호가 정한 '신의성실의 원칙에 반하여 공정을 잃은 약관조항 및 고객에 대하여 부당하게 불리한 조항', 또는 제7조 제2호가 정한 '상당한 이유 없이 사업자의 손해배상범위를 제한하거나 사업자가 부담하여야 할 위험을 고객에게 이전시키는 조항'에 해당하여 무효라고 주장하였다.

이에 대하여 원심은, 의료기기 판매업자인 피고가 판로가 제한되어 있는 고가의 의료기기인 디스크감압치료기를 판매함에 있어 원고의 금융을 이용함으로써 그 판매가 보다 용이해지고 고가의 매매대금을 일시에 지급받을 수 있는 이익을 누릴 수 있었던 사정을 고려하여 보면, 위 재매입약정의 각 규정들이 위 약관규제법 각 조항에서 규정한 약관조항에 해당한다고 보기는 어렵다는 이유로 피고의 위 주장을 배척하였다.

원심의 위와 같은 판단은, 이 사건 리스계약과 같은 금융리스계약의 본질적 기능이 리스이용자에게 리스물건의 취득 자금에 대한 금융 편의를 제공하는 데에 있고(대법원 1997. 11. 28. 선고 97다26098 판결 등 참조), 이 사건 리스물건(의료기기인 디스크감압치료기)과 같이 범용성이나 시장성을 결여하여 그 처분가액으로 취득자금을 회수하기 어려운 경우에 리스회사로서는 리스계약에서 리스물건의 취득자금의 회수와 기타 손해의 전보를 확보할 조치를 취해 둘 필요가 있으며(대법원 1992. 7. 14. 선고 91다25598 판결 참조), 리스물건의 공급자의 입장에서도 금융리스제도로 인하여 원심이 판시한 바와 같은 이익을 누릴 수 있다는 점 등에 비추어 정당하고, 거기에 상고이유에서 주장하는 바와 같은 약관규제법에 관한 법리를 오해한 위법이 있다고 할 수 없다.

2) 운용리스

금융리스 이외의 모든 리스를 총칭하여 「운용리스(operating lease)」라 하는데, 이는 리스기간이 일반적으로 목적물의 사용기간의 일부로서 단기적이며, 리스기간 중에도 해지가 가능하고 목적물의 유지, 관리 및 납세의무를 금융리스업자가 부담하는 형태이다.

3) **단기리스와 장기리스**

리스기간의 장단에 따라 금융리스는 계약기간을 목적물의 사용가능연수로 정하기 때문에 장기로 계약기간이 정해지는 것이 일반적이다. 따라서 이러한 형태를 「장기리스」라 하고, 운용리스는 계약기간이 짧게 정해지는 경우가 일반적이기 때문에 「단기리스」에 해당한다.

4) 순리스와 총리스

「純(순)리스(net lease)」는 목적물의 유지 · 관리비, 보험료, 세금 등의 부대비용을 리스이용자가 부담하고, 「總(총)리스(gross lease)」는 부대비용을 금융리스업자가 부담한다.

5) 완결리스와 미완결리스

「완결리스(full payout lease)」는 금융리스업자가 리스기간 중에 목적물의 구입가격 전액을 회수하는 형태이고, 「미완결리스(non-full payout lease)」는 물건의 매입대금을 수차례의 리스계약을 통해 회수하는 리스이다.

따라서 보통 완결리스의 경우는 계약 종료 후 목적물의 소유권이 리스이용자에게 이전하는데 비해, 미완결리스의 경우는 계약 종료 후 리스이용자에게 목적물반환의무가 부여된다.

6) 서비스부리스와 비서비스부리스

금융리스업자가 목적물의 유지, 보수, 정비 등의 서비스를 제공하느냐 여부로 구분하는데, 「서비스부리스」는 주로 운용리스로서 자동차, 컴퓨터, 포크레인, 불도저 등의 리스에 이용되고, 일반적인 금융리스의 경우는 「비서비스부리스」에 해당한다.

2. 형태

1) 단순리스

「단순리스」란 금융리스업자가 공급자로부터 목적물을 매입 또는 임차하여 리스이용자에게 그 목적물을 이용할 수 있도록 하는 가장 전형적 형태의 리스를 말한다.

2) 전대리스

금융리스업자가 공급자로부터 매입 또는 임차한 목적물을 리스이용자에게 그 목적물을 이용할 수 있도록 하고, 리스이용자가 이를 다시 제3자에게 轉貸(전대)하는 리스형태를 「전대리스(sublease)」라 한다.

3) 판매재취리스

공급자로부터 금융리스업자가 목적물을 매입하여, 그 목적물을 다시 공급자에게 사용할 수 있도록 하는 리스형태를 「販賣再取(판매재취)리스(sale and lease back)」라 한다. 이러한 경우는 공급자가 다시 리스이용자로 되는 형태이다.

III. 리스계약의 법률관계

1. 특징

1) 당사자관계

리스계약의 당사자는 금융리스업자와 리스이용자이며 공급자는 리스계약의 당사자가 아니다. 금융리스업자는 재정경제부에 등록한 납입 자본금 200억 원 이상인 자이어야 한다(여신전문금융업법 §5①).[201)]

2) **중도해지의 제한**

리스목적물은 리스이용자의 특수한 요구에 의해 구입·제작되는 것이 일반적이므로 계약기간 중 리스이용자는 특별한 사정이 없는 한 리스계약을 해지할 수 없으며, 리스이용자의 책임 있는 사유로 리스계약을 해지하는 경우에는 금융리스업자는 잔존 리스료 상당액의 일시 지급 또는 리스목적물의 반환을 청구할 수 있다(§168의 5①).

금융리스업자도 중도해지를 할 수 없는 것이 원칙이나 리스이용자가 리스료의 지급을 이행치 않거나 파산, 은행거래정지, 회사의 해산 등 리스계약의 존속을 기대할 수 없는 경우는 해지할 수 있다.

3) **금융리스업자의 하자담보책임의 배제**

목적물에 하자가 존재하더라도 금융리스업자는 이용자에 대해 하자담보책임을 부담하지 않고 금융리스업자가 공급자에 대하여 가지는 손해배상청구권을 이용자에게 양도하는 방법으로 해결한다.

4) **위험부담 및 물건보존의무의 전환**

임대차계약과 달리 천재지변 기타 이용자의 책임 없는 사유로 목적물이 멸실 또는 훼손된 경우 이용자는 회사에 일정한 손해금을 지급해야 하며, 목적물의 유지, 보전, 수선 등의 의무도 이용자가 부담한다.

---

201) 현재 여신전문금융업의 허가를 받거나 등록을 하여 여신전문금융회사가 될 수 있는 자는 주식회사로서 2개 이하의 여신전문금융업을 하려는 경우는 자본금 200억원 이상, 3개 이상의 여신전문금융업을 하려는 경우는 자본금 400억원 이상인 자여야 한다.

5) 소유권에 기한 책임의 배제

(1) 교통사고로 인한 책임

리스자동차로 인하여 제3자가 손해를 입은 경우 금융리스업자는 그 손해배상에 대하여 면책된다(여신전문금융업법 §35).[202]

(2) 특허권침해의 책임

목적물이 타인의 特許權(특허권)을 침해하는 경우 공급자, 금융리스업자, 리스이용자 등은 그에 대하여 공동으로 손해배상책임을 부담한다(특허법 §127 참조).

(3) 공작물의 설치 또는 보존의 하자로 인한 손해배상책임

공작물의 설치 또는 보존의 하자로 인한 손해에 대하여는 민법상 1차적으로 공작물의 占有者(점유자)가 배상책임을 부담하고, 점유자가 손해의 방지에 필요한 주의를 다한 경우는 2차적으로 그 공작물의 소유자가 책임을 부담하게 되지만 금융리스업자는 이러한 책임을 지지 않는다(여신전문금융업법 §34①).

2. 리스이용자의 권리 · 의무

1) 권리

(1) 목적물의 사용 · 수익권

---

202) 원칙적으로 자동차사고의 손해배상책임은 운전자와 차주에게 있기 때문에 리스의 경우 차주인 금융리스업자가 자동차사고로 인한 손해배상책임을 부담하여야 하지만 리스관계의 특수성을 인정하여 특별히 여신전문금융업법에 의해 리스자동차의 사고로 인한 손해배상책임을 리스이용자에게 부담시키고 있다.

리스계약에 있어서 리스이용자의 근본적인 목적은 리스물건을 사용·수익함에 있으므로 리스이용자는 당연히 목적물의 용도에 따라 사용·수익할 수 있다.

(2) 재리스계약 또는 구매의 청약권

리스기간이 종료되면 리스이용자는 재리스계약 또는 목적물의 구매청약을 할 수 있으며, 금융리스업자는 특별한 사유가 없는 한 이를 수용하여야 한다.

(3) 계약해지권

리스이용자는 중대한 사정변경으로 인하여 리스목적물을 계속 사용할 수 없는 경우에는 3개월 전에 예고하고 리스계약을 해지할 수 있다(§168의 5③).

이 경우 리스이용자는 계약의 해지로 인하여 리스업자에게 발생한 손해를 배상하여야 한다.

2) **의무**

(1) 목적물의 수령 및 차수증 교부의무

리스이용자는 공급자로부터 목적물을 수령한 경우 소정기간 내에 검사를 마치고 금융리스업자에 대하여 목적물을 정상적으로 수령하여 사용함을 증명하는 借受證(차수증)[203]을 교부하여야 하며, 리스계약의 기간은 이 차수증을 교부한 때부터 起算(기산)된다.

차수증, 즉 리스목적물 수령증을 리스이용자가 발급한 경우에는 리스계약 당사자 사이에 적합한 리스목적물이 수령된 것으로 추정한다

203) 이를 「물건수령증」이라고도 한다.

(§168의 3③).

(2) 리스료지급의무

리스이용자는 약정에 따라 리스목적물을 수령함과 동시에 금융리스업자에 대하여 소정의 리스료를 지급하여야 한다(§168의 3②).

리스료는 리스이용자가 리스목적물을 이용하는 대가로서 리스업자가 리스계약으로부터 얻고자 하는 가장 근본적인 내용이 되기 때문에 리스업자와 리스이용자 간의 합의에 의해 그 금액이나 지급방법이 결정된다.

(3) 부보의무

리스이용자는 목적물의 멸실 또는 훼손으로 인한 위험에 대비하여 약관이 정하는 바에 따라 손해보험계약을 체결하여야 하는 附保義務(부보의무)를 부담한다.

목적물에 관한 보험은 그 소유자가 가입하는 것이 일반적이지만 리스계약은 그 특성상 리스이용자가 목적물의 유지·관리의무를 부담하기 때문에 리스목적물을 점유하고 이용하는 리스이용자가 보험가입의무를 부담한다. 리스이용자가 목적물에 대한 보험에 가입하는 경우는 점유자의 입장에서 가입하게 된다. 따라서 보험계약서 상에는 소유자인 리스업자와 점유자인 리스이용자를 동시에 기재하게 된다.

판례 (대법원 2010.09.09. 선고 2009다105383 판결)

리스회사 갑과 선박 등에 관한 리스계약을 체결한 리스이용자 을이 그 계약에 따라 리스선박에 대하여 협회선박기간보험약관[Institute Time Clauses(Hull–1/10/83)]이 적용되는 선박보험계약을 체결하면서 피보험자를 '소유자(owner) 갑, 관리자(manager) 을'로 한 사안에서, 을은 리스계약상 선박의 법률상 소유자는 아니지만 리스이용자로서 선박을 사용할 권리를 갖고 있고 그 멸실·훼손에 대하여 위험부담을 지고 선박의 훼손시 이를 복원·수리할 의무를 부담하며 리스기간 종료시 선박을 법률상 소유자인 리스회사로부터 양도받을 수 있는 지위에 있는데, 그렇다면 을은 그 선박에 관하여 법률상 이해관계가 있고 그 결과 선박의 멸실이나 손상 등으로 수리비 등을 지출함으로써 손해를 입거나 그에 관하여 책임을 부담할 수 있는 지위에 있으므로, 위 보험계약의 준거법인 영국 해상보험법상 그 보험계약에 관하여 피보험이익이 있다.

(4) 담보제공의무

리스이용자는 약관에 의하여 금융리스업자가 정하는 방법으로 채무이행을 보증하기 위한 담보를 제공하여야 한다. 일반적으로 리스계약서에 連帶保證人(연대보증인)이 連書(연서)하도록 하고 있는데, 이 경우 리스이용자는 2중의 담보를 제공하게 되어 부담이 크다.

(5) 목적물유지·관리의무

리스이용자가 목적물을 수령한 이후에는 선량한 관리자의 주의의무로 목적물의 정상적 기능 유지를 위해 자기 비용으로 리스물건을 유지·관리하여야 한다(§168의 3④).

따라서 리스이용자가 이 의무를 위반하여 리스목적물이 훼손되거나 멸실될 우려가 있는 경우 리스업자는 리스계약을 해지할 수도 있고, 그로 인해 손해가 발생한 경우는 손해배상청구도 가능하다.

(6) 목적물불양도의무

리스이용자는 목적물을 타인에게 양도하거나 타인으로 하여금 사용 · 수익케 하는 것은 원칙적으로 금지된다. 그러나 리스업자와 리스이용자 간에 합의가 있는 경우는 리스계약기간 중에 리스이용자가 목적물을 제3자에게 양도하고 양수인인 제3자가 리스계약을 승계할 수도 있다. 제3자가 새로운 리스이용자로 승계되는 경우 기존의 리스이용자는 리스계약에서 탈퇴하지만 새로운 리스이용자에 대한 소유권이전의무 및 매도인으로서의 담보책임은 계속 부담하게 된다. 이러한 기존의 리스이용자의 책임은 리스계약과 무관하게 양도인으로서 부담하는 책임이다.

판례 (대법원 2013.06.13. 선고 2012다100890 판결)

리스회사가 리스물건인 자동차의 구입대금 중 일부를 리스이용자에게 금융리스의 형태로 제공하고 리스회사 명의로 자동차소유권 등록을 해 둔 다음 공여된 리스자금을 리스료로 분할 회수하는 리스계약관계에서, 리스이용자가 그 자동차를 제3자에게 매도하고 리스계약관계를 승계하도록 하면서 매매대금과 장래 리스료 채무의 차액 상당을 매수인으로부터 지급받은 경우, 그 리스이용자는 리스회사와의 리스계약관계에서는 탈퇴하지만 매수인에 대한 소유권이전의무 및 매도인으로서의 담보책임은 여전히 부담한다.

(7) 목적물반환의무

리스기간이 만료되면 재계약을 체결하지 않는 한 리스이용자는 리스물건을 금융리스업자에게 반환하여야 한다. 그러나 리스계약에서 리스기간이 만료되면 리스물건의 소유권을 리스이용자에게 귀속시킨다는 합의가 있는 경우는 목적물반환의무가 발생하지 않는다.

3. 금융리스업자의 권리 · 의무

1) 리스료 지급청구권

금융리스업자는 리스료 수입을 목적으로 리스목적물의 사용 · 수익을 이용자에게 허용하기 때문에 당연히 리스료의 지급을 청구할 수 있다. 이러한 리스업자의 리스료청구권은 리스계약에서 리스업자의 근본적인 목적이다.

2) 계약해지권

원칙적으로 리스계약의 당사자는 리스계약을 해제할 수 없으나 리스이용자의 의무이행이 없거나 리스이용자의 은행거래의 정지, 파산, 해산 등 리스계약을 계속할 수 없는 경우는 예외적으로 금융리스업자의 계약해지권을 인정한다.

3) 목적물반환청구권

리스이용자의 책임 있는 사유로 리스계약을 해지하는 경우나 리스계약의 종료 후 재계약을 체결하거나 목적물의 소유권을 리스이용자에게 귀속시킨다는 약정이 없는 한 리스물건의 소유자인 금융리스업자는 이용자에 대하여 그 반환을 청구할 수 있다(§168의 5①).

판례 (대법원 2011. 4. 28. 선고 2010도15350 판결)

대한민국 국민 또는 외국인이 미국 캘리포니아주에서 미국 리스회사와 미국 캘리포니아주의 법에 따라 차량 이용에 관한 리스계약을 체결하면서 준거법에 관하여는 별도로 약정하지 아니하였는데, 이후 자동차

수입업자인 피고인이 리스기간 중 위 리스이용자들이 임의로 처분한 리스계약의 목적물인 차량들을 수입한 사안에서, 국제사법에 따라 위 리스계약에 적용될 준거법인 미국 캘리포니아주의 법에 의하면, 위 차량들의 소유권은 리스회사에 속하고, 리스이용자는 일정 기간 차량의 점유 · 사용의 권한을 이전받을 뿐이어서(미국 캘리포니아주 상법 제10103조 제a항 제10호 참조), 리스이용자들은 리스회사에 대한 관계에서 위 차량들에 관한 보관자로서의 지위에 있으므로, 위 차량들을 임의로 처분한 행위는 형법상 횡령죄의 구성요건에 해당하는 위법한 행위로 평가되고 이에 의하여 영득된 위 차량들은 장물에 해당하기 때문에 이를 취득한 행위는 장물취득죄가 성립된다.

4) 손해배상청구권

리스이용자의 책임 있는 사유로 리스계약을 해지하거나 중대한 사정변경으로 리스계약을 해지하는 경우, 그 해지로 인해 발생한 손해에 대하여 금융리스업자는 리스목적물반환청구권과 별개로 손해배상을 청구할 수 있다(§168의 5②, ③).

5) 표식부착의무

금융리스업자는 리스물건에 대하여 법령이 정하는 바에 따라 리스관계를 표시하는 標識(표식)을 부착해야 한다(여신전문금융업법 §36①).

이는 리스업자인 리스목적물의 소유권자를 보호하기 위한 규정으로서 표시에는 리스업자, 리스목적물, 리스기간 등에 관한 내용을 표시하도록 하고 있다(여신전문금융업법 시행규칙 § 8①).[204]

---

204) 이러한 표시가 없는 경우 정을 모르는 제3자는 리스목적물을 점유하고 있는 리스이

그러나 리스목적물이 등기 또는 등록되어 있는 경우는 이러한 표시를 하지 않아도 된다(여신전문금융업법 시행규칙 § 8②).

6) 목적물조달의무

금융리스업자는 리스이용자가 리스계약에서 정한 시기에 리스계약에 적합한 리스목적물을 수령할 수 있도록 하여야 한다(§168의 3①). 리스계약에 따라 금융리스업자는 리스이용자에게 리스물건을 조달해 주어야 하는 것은 당연하며, 리스이용자가 자신의 책임 하에 직접 공급자와 리스목적물에 대한 매매계약을 체결하더라도 금융리스업자가 그 매매계약상의 매수인으로 된다.

4. 공급자의 권리 · 의무

1) 매매대금지급청구권

공급자는 금융리스업자에 대하여 매도인의 지위에 서기 때문에 매매계약상의 약정에 따라 매매대금의 지급을 청구할 수 있다.

그러나 공급자는 금융리스업자와 물품매매계약의 당사자에 해당 할 뿐 리스계약과는 별도의 계약에 해당하고, 리스이용자는 이 계약에 있어서는 제3자에 해당하지만 실제에 있어 공급자가 리스목적물을 리스이용자에게 직접 공급하는 경우가 많기 때문에 리스이용자와 공급자의 관계를 계약관계로 오해하는 경우가 있다.

용자를 그 소유권자로 오인할 수 있고, 이로 인해 부적절한 거래가 이루어지는 경우 리스업자가 예기치 못한 피해를 입을 수 있기 때문에 이를 방지하기 위한 대책으로 해석된다.

2) 목적물인도의무

공급자는 매도인으로서 금융리스업자에 대하여 매매계약상의 의무로서 계약에서 정한 시기에 리스목적물을 리스이용자에게 인도해야 한다(§168의 4①).

리스목적물이 공급계약에서 정한 시기와 내용에 따라 공급되지 아니한 경우 리스이용자는 공급자에게 직접 손해배상을 청구하거나 공급계약의 내용에 적합한 리스목적물의 인도를 청구할 수 있으며, 금융리스업자는 리스이용자가 이러한 손해배상청구권 및 목적물인도청구권을 행사하는 데 필요한 협력의무를 부담한다(§168의4②, ③).

자 가맹업

Ⅰ. 개념

「가맹업」이란 자신의 상호·상표 등을 제공하는 영업을 말하는데(§168의 6), 이러한 가맹업을 영업으로 하는 자를 「가맹업자(프랜차이즈제공자 : franchisor)」라 하고, 가맹업자로부터 그의 상호 등을 사용할 것을 허락받아 가맹업자가 지정하는 품질기준이나 영업방식에 따라 영업을 하는 자를 「가맹상(프랜차이즈이용자 : franchisee)」라고 한다.

이는 과거에 프랜차이즈라고 불리던 상행위로서 가맹업자가 자신의 상호, 상표, 서비스표, 로고, 기타 영업표시 등을 사용하여 자기의 지시와 통제 하에 영업할 것을 약정하고, 이에 대하여 가맹상이 일정한 사용료를 지급하기로 약정한 계속적 債權契約關係(채권계약관계)이다.

판례 (대법원 1998. 4. 14. 선고 98도292 판결)

피고인이 본사와 맺은 가맹점계약은 독립된 상인 간에 일방이 타방의 상호, 상표 등의 영업표지를 이용하고 그 영업에 관하여 일정한 통제를 받으며 이에 대한 대가를 타방에 지급하기로 하는 특수한 계약 형태인 이른바 「프랜차이즈 계약」으로서 그 기본적인 성격은 각각 독립된 상인으로서의 본사 및 가맹점주 간의 계약기간 동안의 계속적인 물품공급계약이고, 본사의 경우 실제로는 가맹점의 영업활동에 관여함이 없이 경영기술지도, 상품대여의 대가로 결과적으로 매출액의 일정 비율을 보장받는 것에 지나지 아니하여 본사와 가맹점이 독립하여 공동경영하고, 그 사이에서 손익분배가 공동으로 이루어진다고 할 수 없으므로 이러한 가맹점 계약을 동업계약 관계로는 볼 수 없고, 따라서 가맹점주인 피고인이 판매하여 보관 중인 물품판매 대금은 피고인의 소유라 할 것이어서 피고인이 이를 임의 소비한 행위는 프랜차이즈 계약상의 채무불이행에 지나지 아니하므로, 결국 횡령죄는 성립하지 아니한다.

II. 종류

1. 발생시점에 따른 분류

1) 제1세대가맹업

생산자가 자신의 제품유통을 위한 수단으로 이용하는 가맹업을 「제1세대가맹업」이라 하는데, 이를 「제1세대프랜차이즈」, 「제조자가맹업」 또는 「상품가맹업」이라고도 한다.

2) **제2세대가맹업**

가맹업자가 가맹상에게 자신이 개발한 노하우나 판매전략 등을 이용하여 사업을 경영하도록 지도하는 가맹업을 「제2세대가맹업」, 「제2세대프랜차이즈」 또는 「서비스·기술가맹업」이라고 한다.

2. 대상 사업에 따른 분류

1) **상품가맹업**

「상품가맹업」은 가맹업자가 계속적인 상품공급계약을 체결하고 가맹상으로 하여금 그 상품을 판매토록 하는 가맹업으로서, 이에는 유명상표의 신발판매에 관한 가맹업에 해당하는 「판매가맹업」과 페스트푸드나 기타 간이음식점에 관한 가맹업에 해당하는 「소매·연쇄가맹업」이 있다.

2) **용역가맹업**

「용역가맹업」은 가맹업자가 개발한 노하우나 판매전략을 가맹상이 영업에 이용할 수 있도록 하는 가맹업으로서 경비용역업체가 여기에 해당한다.

Ⅲ. 가맹계약의 성립요건

1. 영업표식의 사용 허락

상호, 상표, 서비스표, 로고, 간판이나 선전탑, 광고와 기타 디자인, 조명, 색상 등 가맹업자의 동일성을 표시하는 모든 표현물 및 표현방법을 가맹상이 사용할 수 있도록 허용해야 한다.

2. 가맹업자의 통제 · 조력

가맹업자는 가맹상에 대하여 점포의 입지, 상호의 사용, 영업시간, 점포의 관리 등에 대하여 일정한 통제 · 지시를 가하고 아울러 가맹상의 영업활동을 도와주는 관계가 설정되어야 한다.

3. 가맹상의 독립적 지위

가맹상은 독자적으로 가맹점을 운영하는 독립상인이므로 그의 영업의 결과는 직접 자기에게 귀속된다. 따라서 가맹상의 제3자에 대한 행위에 대하여 가맹업자에게는 책임이 없는 것이 원칙이며, 가맹상이 가맹업자로부터 상품을 외상으로 공급받아 판매금액의 전액을 가맹업자에게 송금하면 그 중 일정액을 가맹상의 이익금으로 지급하기로 한 가맹계약에서 가맹상이 상품판매대금을 임의로 소비하였더라도 이는 가맹계약의 위반에 해당할 뿐 횡령죄는 성립되지 않는다(대법원 1996. 2. 23. 선고 95도2608 판결).

4. 가맹수수료의 지급

가맹계약은 비전형적인 상사혼합계약으로서 有償契約(유상계약)에 해당하기 때문에 가맹상이 가맹업자의 상호 등을 사용하는 대가로서 가맹수수료를 지급하여야 한다.

Ⅳ. 가맹계약의 법률관계

1. 가맹업자의 의무

1) 영업표시 사용 허용의무

가맹업자(프랜차이즈제공자)는 상호, 상표, 서비스표, 로고, 간판이나 광고 등 가맹업자의 동일성을 표시하는 모든 표현물 및 표현방법을 가맹상(프랜차이즈이용자)이 사용토록 허용해야 한다(§168의 6).

2) 영업상 협조 · 지원의무

가맹업자는 가맹상에 대하여 영업에 관한 일정한 통제 · 지시를 가하고 가맹상의 영업활동을 도와주어야 하고, 또한 가맹상의 영업을 위하여 필요한 지원을 하여야 한다(§168의 7①). 영업에 관한 통제 · 지시는 가맹업자의 동일성을 유지하고 가맹상의 영업상의 이익을 위해 필요한 것이므로 그 범위 내에 한정되어야 하며, 이에 반하는 통제 · 지시, 즉 영업상의 불필요한 간섭은 이에 해당하지 않는다.

3) 경업금지의무

가맹업자는 다른 약정이 없으면 가맹상의 영업지역 내에서 동일 또는 유사한 업종의 영업을 하거나 동일 또는 유사한 업종의 가맹계약을 체결하여서는 아니된다(§168의 7②). 이는 임의규정이므로 당사자 간에 특약이 있는 경우 가맹업자는 이 의무를 부담하지 않는다.

2. 가맹상의 의무

1) 가맹점 운영의무

일반적으로 가맹상의 영업이익의 일부분을 가맹업자에게 수수료로 지급하게 되는데, 가맹상의 영업이 부실하면 결국 그로 인한 손해는 가맹업자에게도 영향을 미치게 된다. 따라서 가맹상은 신의성실의 원칙에 따라 가맹점을 성실하게 운영하여야 한다(§168의 8①).

2) 가맹수수료 지급의무

가맹계약은 有償契約(유상계약)이므로 가맹상은 계약에 따라 가맹업자의 상호, 상표, 기술 등 영업표시의 사용에 대한 일정한 대가를 가맹업자에게 지급하여야 한다.

3) 비밀준수의무

가맹상은 가맹계약이 종료한 후에도 가맹계약과 관련하여 알게 된 가맹업자의 영업상의 비밀을 준수하여야 한다(§168의 8②).

4) 영업양도에 관한 동의

가맹상이 자신의 영업을 타인에게 양도하고자 하는 경우 가맹업자의 동의를 받아야 하며, 이에 대하여 가맹업자는 특별한 사유가 없는 한 가맹상의 영업양도에 동의하여야 한다(§168의 9①, ②).

5) 지시 · 통제에 응하여야 할 의무

가맹상은 가맹업자의 상호, 상표 등 영업표시의 경제적 가치를 유지하고 제3자에 대하여 일관된 이미지를 유지하기 위하여 가맹업자의 지시 · 통제에 따라야 한다.

3. 제3자에 대한 관계

가맹계약은 가맹업자와 가맹상 간의 계약에 해당하고 가맹상의 고객인 가맹계약의 제3자에 대해서는 가맹상 만이 책임을 지는 것이 원칙이지만 가맹업자의 상호나 성명을 가맹상이 사용하는 경우 善意(선의)의 제3자에게는 가맹업자가 名義貸與者(명의대여자)의 嚴格責任(엄격책임)을 부담한다. 즉, 가맹업자의 상호를 가맹상이 사용하여 영업을 할 수 있는 가맹계약의 경우 가맹상이 가맹업자의 상호를 사용한 계약상의 의무를 불이행하는 경우 가맹업자도 그 계약상의 의무에 대하여 책임이 있다.

4. 가맹계약의 종료

가맹계약은 존속기간이 만료하거나 가맹업자나 가맹상의 해지에 의해 종료된다. 존속기간의 만료로 계약이 종료되는 것은 당연하기 때문에 존속기간 만료 후 그 계약의 갱신여부에 대해서는 당사자의 자유로운 의사결정에 의해 결정되기 때문에 그 갱신 등에 합의할 것인지 여부는 당사자 스스로 판단 · 결정할 자유를 가지며, 그에 있어서 정당한 사유 또는 합리적 사유가 필요한 것은 아니다(대법원 2010. 7. 15. 선고, 2010다30041 판결). 가맹계약의 해지는 가맹계약상의 존속기간에 대한 약정의 유무와 관계없이 부득이한 사유가 있으면 각 당사자는 상당한 기간을 정하여 예고한 후 가맹계약을 해지할 수 있다(§168의 10).

판례 (대법원 2010.07.15. 선고 2010다30041 판결)

존속기간의 정함이 있는 계속적 계약관계는 그 기간이 만료되면 종료한다. 한편 그 계약에서 계약의 갱신 또는 존속기간의 연장에 관하여 별도의 약정이 있는 경우에는 그 약정이 정하는 바에 따라 계약이 갱신되거나 존속기간이 연장되고, 그러한 약정이 없는 경우에는 법정갱신 등에 관한 별도의 법규정이 없는 한 당사자가 새로이 계약의 갱신 등에 관하여 합의하여야 한다. 이는 계속적 계약관계에 해당하는 가맹점(프랜차이즈)계약관계에서도 다를 바 없다. 따라서 법 규정 또는 당해 가맹점계약의 해석에 좇아 가맹점사업자가 가맹본부에 대하여 갱신을 청구할 권리를 가지거나, 가맹본부의 갱신 거절이 당해 가맹점계약의 체결 경위 · 목적이나 내용, 그 계약관계의 전개 양상, 당사자의 이익 상황 및 가맹점계약 일반의 고유한 특성 등에 비추어 신의칙에 반하여 허용되지 아니하는 등의 특별한 사정이 없는 한, 가맹본부는 가맹점사업자의 갱신 요청을 받아들여 갱신 등에 합의할 것인지 여부를 스스로 판단 · 결정할 자유를 가지며, 그에 있어서 정당한 사유 또는 합리적 사유가 있는 경우에 한하여 갱신을 거절할 수 있는 것은 아니다

가맹본부가 가맹점사업자와 존속기간이 3년인 가맹점계약을 체결한 후 두 차례 갱신하여 오다가 두 번째 갱신된 가맹점계약에서 정한 바에 따라 그 계약의 존속기간 만료일 3개월 전에 가맹점계약을 갱신 또는 연장하지 않겠다고 통지한 사안에서, 위 가맹점계약은 특별한 사정이 없는 한 그 존속기간의 만료로 종료되었다.

 채권매입업

Ⅰ. 개념

1. 의의

타인이 물건·유가증권의 판매, 용역의 제공 등에 의하여 취득하였거나 취득할 영업상의 채권을 매입하여 회수하는 영업을 「채권매입업(팩터링 : factoring)」이라 하고, 이러한 영업을 하는 자를 「채권매입업자(팩터링회사 : factor)」라 한다(§168의 11).

즉, 채권매입은 채권매입업자인 팩터링회사(factor)가 거래기업(client)으로부터 그 영업에서 생긴 현재 및 장래의 외상매출채권을 일괄 매수하고, 그 거래기업에 갈음하여 그 거래기업의 채무자(customer)를 상대로 賣出債權(매출채권)을 추심하는 동시에 그 거래기업에 대하여 금융의 제공, 회계관리, 경영정보의 제공 등을 약속하는 3당사자 간의 일관적·계속적 債權賣買契約(채권매매계약)에 해당한다.[205)]

2. 구분해야 할 개념

1) 매출채권담보금융

205) 채권매입업은 채권매입업자와 거래기업 간의 쌍무·유상계약에 해당한다. 따라서 채권매입업자의 영업행위에 해당하는 채권매입계약은 채권매매계약으로 보는 것이 맞고, 채권매입계약은 채권매입업자를 중심적으로 기술한 것이어서 논리적으로는 합리적이라고 할 수 없는데, 우리 상법이 명문으로 채권매입계약이라고 규정하고 있어 혼란을 방지하기 위해 이하에서는 채권매입계약으로 명칭을 통일하기로 한다.

「매출채권담보금융」은 기업이 외상매출채권을 상사금융회사에 담보로 제공하고, 그 채권액에 상당하는 貸付(대부)를 받는 금융방식, 즉 대부금의 상환을 외상매출채권으로 담보하는 방식으로서 상사금융회사는 당연히 상환청구권을 가지고 채권양도의 통지를 요건으로 하지 아니한다는 점에서 채권매입업과 구별된다. 따라서 매출채권담보금융은 채권자가 변경되지 않고 채권매입의 경우는 채권자가 변경된다는 점에서 가장 큰 차이점이 있다.

채권매입업과 매출채권담보금융의 차이점

	채권매입업	매출채권담보금융
유형	외상채권매매	담보부대출
상환청구권	부인	인정
채권자변경	채권매입자로 변경	기존의 채권자 유지
대 가	매매대금	대출수수료

2) 상업어음할인

「상업어음할인제도」는 상거래로부터 발생한 상업어음을 금융기관이 일정한 수수료를 받고 할인해 주는 기업의 개별적·단발적 단기운전자금조달방법이다.

상업어음할인제도는 금융기관의 求償權(구상권)이 인정되지만, 채권매입업의 경우는 채권매입업자의 구상권이 인정되지 않고 거래의 방식에 있어서 상업어음할인은 개별적·단발적 단기운전자금조달방식으로 이루어지지만 채권매입업의 경우는 일괄적 · 계속적으로 거래가 이루어진다는 점에서 구별된다.

채권매입업과 상업어음할인의 차이점

	채권매입업	상업어음할인
유형	외상채권매매	어음 할인
구상권	부인	인정
거래방식	일괄적·계속적	개별적·단발적
대 가	매매대금	할인수수료

3) **포페이팅**

「포페이팅(forfaiting)」은 수출업자가 외상으로 수출하고 어음을 발행하여 자국 은행의 보증을 받아 융통하는 수출금융의 한 형태이다.

포페이팅은 수출업자들이 운영자금의 조달을 위해 수출을 완료한 후 일시적·개별적으로 확정된 채권을 수출업자의 자국은행의 보증을 득하여 금융업자에 제공하고 수수료를 부담하는 담보부 대출형식의 금융인데 비해, 채권매입업은 장래의 불확정 채권을 계속적 · 포괄적으로 채권매입업자가 매입하고 그에 대한 대가를 지급하는 채권매매계약이라는 점에서 구별된다.

채권매입업과 포페이팅의 차이점

	채권매입업	포페이팅
유형	외상채권매매	수출금융담보대출
구상권	부인	인정
거래방식	일괄적·계속적	개별적·단발적
채권의 형태	장래의 불확정채권	확정적 외상수출채권
담보	불필요	주거래은행의 담보
대가	매매대금	수수료

II. 종류

1. 상환청구권의 유무에 따른 분류

1) 진정팩터링

채권매입업자의 상환청구권이 인정되지 않는 방식, 즉 거래기업의 영업채권이 결제되지 않더라도 그로 인한 손해를 채권매입업자가 부담하는 전통적 팩터링을 「眞正(진정)팩터링」이라 한다.

이러한 형태의 채권매입의 경우 채권매입업자의 위험부담은 커지기 때문에 풍부한 정보와 노하우를 이용하여 채권매입계약을 체결하기 전에 채무자의 신용정도나 실적 등에 관하여 철저한 조사 및 검토가 필요하다.

2) 부진정팩터링

「不眞正(부진정)팩터링」이란 채무자가 거래기업에 대하여 부담하는 외상채무를 변제하지 아니 하면 채권매입업자가 거래기업에게 償還請求權(상환청구권)을 행사할 수 있는 방식으로서, 이는 어음할인방식과 유사하고 채권매입업자에게 유리한 방식이다. 따라서 이러한 방식은 진정한 의미의 채권매입업으로 볼 수 없다.

2. 채권양도통지의 유무에 따른 분류

1) 통지방식

「통지방식」은 거래기업이 채무자로부터 받을 채권을 채권매입업자에게 양도했다는 사실을 채무자에게 통지하는 팩터링으로서 미국이 이러한 형태를 취하고 있다.

2) 비통지방식

「非通知方式(비통지방식)」은 거래기업이 채권양도사실을 채무자에게 통지하지 않는 방식으로서 일본과 독일이 취하고 있는 형태이며, 우리나라의 경우는 일반적으로 채무자로부터 債權讓渡承諾書(채권양도승낙서)를 받아 채권매입업자에게 제출하는 형태를 취하고 있다.

3. 선급의 유무에 따른 분류

1) 선급방식

채권매입업자가 거래기업으로부터 매입한 외상매출어음의 지급기일

(채권의 변제기) 전에 어음금의 일부 또는 전부를 거래기업에게 지급하는 방식을 「先給方式(선급방식)」이라 한다. 이 방식에 의하면 어음금을 변제기일 이전에 지급한다는 점에서 자금 조달상의 부담이 될 수도 있고, 채무자의 채무불이행으로 인한 위험부담은 커지는 단점이 있는 반면에 고액의 수수료를 받을 수 있는 장점이 있다. 물론 상환청구권의 인정여부에 따라 계약조건은 달라질 수도 있다.[206]

2) 만기방식

「滿期方式(만기방식)」은 채권매입업자가 거래기업으로부터 매입한 외상매출어음의 지급기일이 도래하였을 때 그 어음금을 지급하는 형태의 팩터링을 말한다. 이 방식은 선급방식의 장단점과 반대의 결과로 나타나는 것이 일반적이다.

Ⅲ. 법률관계

1. 채권매입관계의 구조

채권매입은 채권매입업자와 거래기업 간에 채권매입계약을 체결하고, 채권매입업자가 거래기업에게 채무자에 대한 신용정보 등을 제공하면 거래기업은 그 정보를 바탕으로 채무자에게 외상으로 상품을 매출하고 그 채무자로부터 외상매출어음을 발행 받아 그 외상매출어음을 채권매입업자에게 일괄 양도하면 외상매출어음의 변제기일에 채권매입

---

206) 거래기업의 자금력이 튼튼한 경우에는 수수료의 부담이 높은 선급방식 보다는 만기방식을 선택하는 경우가 일반적이지만 자금사정이 열악한 거래기업의 경우는 높은 수수료 부담을 감수하면서도 선급방식을 선택하게 된다.

업자가 채무자에게 어음의 추심, 즉 외상매출채권의 변제를 받아 계약의 내용에 따라 거래기업에게 대금을 지급하는 구조로 이루어지는 것이 일반적이다.

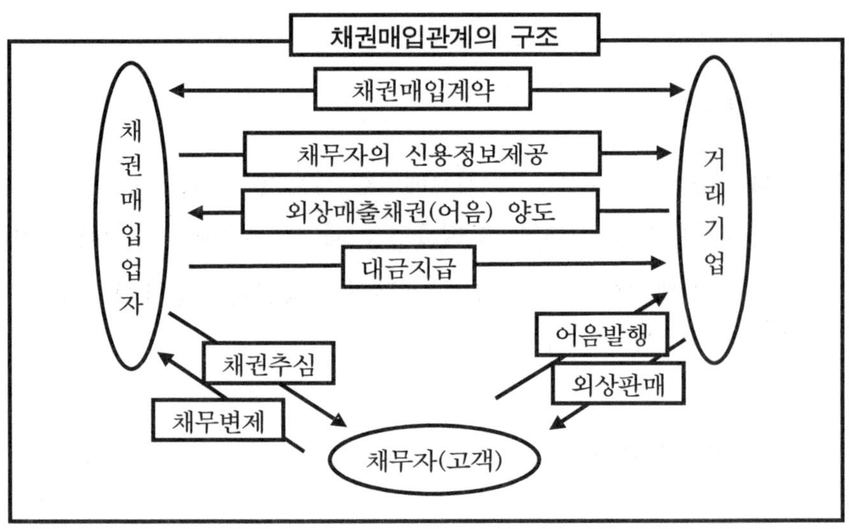

2. 요건

1) 채권의 양도성

채권매입계약에서는 양도가능한 채권만이 채권매입의 대상이 될 수 있으며, 성질상 양도가 불가능하거나(민법 §449①) 相互計算(상호계산)의 경우와 같이 특정 채권자 사이에서만 결제 가능한 채권은 채권매입계약의 목적이 될 수 없다.

2) 채권매입계약의 존재

채권매입계약은 채권매입업자와 거래기업 간의 상사계약에 해당하므로 당사자 간의 자유로운 의사표시의 합치에 의해 성립하는 계약이 존재하여야 한다.

3) 대항요건의 충족

민법상 채권양도에 있어서 채무자와 제3자의 보호를 위한 對抗要件(대항요건)으로서 채권양도의 통지 또는 채무자의 동의를 필요로 하고 있다(민법 §450①).

채권양도통지의 방식에 대해서는 특별한 규정이 없으므로 일반적인 의사표시의 방식에 의하면 되는데, 일반적으로 내용증명 또는 채무자의 채권양도승낙서의 방식을 이용하고 있다.[207]

4) 대금의 지급

채권매입계약은 유상계약이므로 대가관계의 채무가 발생하여야 한다. 따라서 대가없이 무상으로 외상채권을 타인에게 양도하는 경우는 증여에 해당되기 때문에 채권매입관계가 성립되지 않는다.

3. 채권매입업자의 권리 · 의무

207) 채권양도통지는 원칙적으로 양도인이 제3채무자에게 채권양도통지를 하여야 하지만 일반적으로 양수인이 양도인으로부터 채권양도통지서를 교부받아 양수인이 제3채무자에게 발송하는 형태로 이루어지고 있다. 그리고 채권양도계약을 체결할 당시 채권양도통지에 관한 약정이 없으면 양도인은 채권양도통지에 관한 의무를 부담하지 않기 때문에 채권양도계약 당시 채권양도통지에 관한 특약을 반드시 하여야 한다.

1) 추심권

채권매입업자는 거래기업으로부터 매입한 영업채권(외상매출어음)을 그 어음의 발행내용에 따라 정당한 권리자로서 채무자에게 직접 추심할 수 있다.

2) 상환청구권

전형적인 채권매입계약에서는 채권매입업자의 상환청구권을 인정하지 않는 것이 원칙이지만 우리상법에서는 원칙적으로 채권매입자의 상환청구권을 인정하고, 예외적으로 채권매입계약에서 채권매입업자의 상환청구권을 인정하지 않는 것으로 정한 경우는 상환청구권을 인정하지 않는 것으로 규정하고 있다(§168의 12).

따라서 우리상법에서 규정하고 있는 채권매입업은 부진정팩터링에 해당하는 것으로 해석된다.

3) 정보 및 서비스 제공의무

채권매입업자는 계약조건에 따라 채무자의 신용정보, 경영컨설팅, 회계처리 등의 서비스를 거래기업에게 제공하여야 한다.

4) 대금지급의무

채권매입업자는 계약의 내용에 따라 어음의 지급기일 전에 또는 지급기일이 도래한 경우 영업채권의 매입대금을 지급하여야 한다.

매매대금지급 방식은 채권매입계약에서 구체적으로 정하는 것이 일반적이지만 이에 대하여 당사자 간의 약정이 없는 경우는 상관습에 따라 채권매입업자가 채무자에게 추심한 뒤에 후지급하는 것으로 해석된다.

4. 거래기업의 권리 · 의무

1) 대금지급청구권

거래기업은 채권매입업자에 대하여 계약의 조건에 따라 영업채권의 양도에 따른 대금의 지급을 청구할 수 있다.

2) 채권양도통지의무

전통적 채권매입계약은 債權讓渡通知(채권양도통지)를 요건으로 하기 때문에 거래기업은 채권매입업자의 정상적인 채권행사를 위해 채무자에게 채권양도통지를 하거나 사전에 채무자로부터 債權讓渡承諾書(채권양도승낙서)를 받아 채권매입업자에게 양도하여야 한다.

그러나 우리상법은 이에 대한 명문규정을 두지 않고 있고, 판례에 의하면 채권의 양도인이 양수인에게 채권양도통지 권한을 위임하지 않은 경우, 양수인에 의한 채권양도통지는 민법 제115조 단서에 의해 유효하게 될 수 없다고 보고 있기 때문에 채권매입계약에서 이러한 채권양도통지의무에 관한 내용을 계약조건으로 정하는 것이 매우 중요하다(대법원 2008.2.14. 선고 2007다77569 판결 참조).

3) 채권불양도의무

채권매입계약의 특성상 거래기업은 일정기간 동안의 영업채권을 일괄적으로 채권매입업자에게 양도하여야 한다. 따라서 거래기업은 채권매입계약기간 중에 발생한 영업채권의 일부 또는 전부를 임의로 타인에게 양도해서는 아니 된다.

거래기업이 이 의무를 위반한 경우 채권매입업자는 채권매입계약을 해지할 수 있으며, 또한 그로 인한 손해배상도 청구할 수 있다.

4) 수수료지급의무

거래기업은 채권매입업자로부터 제공받은 정보 및 서비스를 활용하고, 그에 대한 대가로서 당사자 간에 약정한 수수료를 지급하여야 한다. 실제에 있어서 수수료는 채권매입업자가 채무자로부터 영업채권을 추심하여 지급받은 어음금액을 거래기업에게 지급할 때 이를 공제하는 것이 일반적이다.

5. 채무자의 권리 · 의무

1) 항변권

채권매입계약은 대항요건의 충족을 요건으로 하고 있기 때문에 채무자는 채권양도의 일반원칙에 따라 채권양도의 통지를 받을 때까지 발생한 모든 사유로써 채권매입업자에게 대항할 수 있다. 즉, 채무자가 매입한 물품에 하자가 있거나 채무자가 거래기업에 대하여 가지는 채권이 있는 경우는 이를 가지고 채권매입업자에 대하여 항변할 수 있다.

2) 어음금지급의무

채권매입업자가 거래기업으로부터 매입한 영업채권에 대한 추심이 있으면 채무자는 그에 대한 변제책임이 있다. 이는 채권매입계약에 의해 발생하는 의무가 아니고 어음법상 어음발행인으로서의 의무에 해당한다.

찾아보기

저자 소개

단국대학교 법학과 졸업
명지대학교 대학원 법학과 수료 법학석사, 법학박사
공증인가 동방종합법무법인 사무국장 역임
동양대학교, 진주산업대학교, 명지대학교, 밀양대학교 등 강사 역임
서울특별시 고급공무원시험 출제위원 역임
현 사단법인 한민족미래연구소 소장
현 한국브랜드마케팅협회 부회장
현 한국브랜드학회 상임이사
현 재단법인 광일희영장학회 이사
현 경북전문대학교 경찰경호행정계열 · 법행정학과 교수

저서 및 논문

생활법률, 상법(I), 상법, 법과 생활(공), 법무의 이론과 실무(공), 법학의 기초이론과 실무(공), 가정과 법률, 법학개론, 상표관리론, 브랜드관리론, 부동산경매와 권리분석, 포커스 법과생활 등 다수.

「팩터링(Factoring)契約의 法的 問題點에 관한 硏究」, 「國際物品賣買契約上의 危險移轉」, 「지적소유권의 국제적 보호에 관한 연구」, 「상표권의 침해와 그 보호에 관한 연구」, 「인터넷상의 저작권보호에 관한 연구」, 「인터넷상의 저작권보호의 범위와 그 한계」, 「상법상 주식회사의 이사의 의무와 미국법상의 충실의무」, 「브랜드경영 및 상표권」, 「이사의 회사에 대한 손해배상책임과 경영판단의 원칙」, 「생명윤리법제의 비교연구-미·연·일의 배아취급에 대한 규제를 중심으로-」, 국제물품매매계약상의 위험이전에 관한 비교법적 고찰-Incoterms® 2010과 CISG를 중심으로- 등 다수

상법총칙 · 상행위법

2014년 2월 10일 인쇄
2014년 2월 15일 발행

지은이 / 조 성 종
펴낸이 / 한 점 덕
펴낸곳 / **학 연 사**

서울특별시 영등포구 경인로 82길 3-4
센터플러스 814호
전화 02) 2164-3311
팩스 02) 2164-3314
전자우편 hypub@chol.com
등록 1976. 12. 23. 제12-6호

ISBN 978-89-8060-122-6 93360

값 15,000 원